ज्ञान गरिमा के
65 वर्ष

णाणं
पयासयं

वीर नि.सं. 2470
ई.सन् 1944

भारतीय ज्ञानपीठ

दिमाग़े हस्ती दिल की बस्ती है कहाँ? है कहाँ?

(नाटक)

दिमाग़े हस्ती दिल की बस्ती है कहाँ? है कहाँ?

महेन्द्र भल्ला

भारतीय ज्ञानपीठ

लोकोदय ग्रन्थमाला : ग्रन्थांक 931

ग्रन्थमाला सम्पादक
रवीन्द्र कालिया
सह-सम्पादक
गुलाबचन्द्र जैन

पहला संस्करण : 2008
दूसरा संस्करण : 2010

ISBN : 978-81-263-1897-1

प्रकाशक :
भारतीय ज्ञानपीठ
18, इन्स्टीट्यूशनल एरिया, लोदी रोड
नयी दिल्ली-110 003

मुद्रक : विकास कम्प्यूटर ऐण्ड प्रिण्टर्स, दिल्ली-110 032

आवरण चित्र : अतुल भल्ला
आवरण सज्जा : ज्ञानपीठ कला प्रभाग

दूसरा संस्करण : 2010
मूल्य : 120 रुपये

DIMAGE HASTI DIL KI BASTI
HAI KAHAN? HAI KAHAN?
(Hindi Play)
by Mahendra Bhalla

Published by
Bharatiya Jnanpith
18, Institutional Area, Lodi Road
New Delhi-110 003

Website : www.jnanpith.net
e-mail : Jnanpith@satyam.net.in, sales@jnanpith.net

Second Edition : 2010
Price : Rs. 120

दिमाग़े-हस्ती दिल की बस्ती...

एक गठी हुई, सजग नाट्य भाषा में, सामाजिक-पारिवारिक ताने-बाने के ऐन बीच बुना गया महेन्द्र भल्ला का यह नाटक हमारे समय के उन रेशों को पकड़ने की एक जबरदस्त कोशिश है, जहाँ स्त्री-पुरुष सम्बन्धों के तनाव हैं, उनके बीच बच्चों और किशोरों का 'फँसा' हुआ जीवन है, और एक अलग़ाव झेल रहे बुजुर्गों की आन्तरिक कथा है, जिनकी सन्ततियों की फिर अपनी अन्तःकथाएँ हैं। और सबसे ऊपर यह कि तमाम त्रासद और कॉमिक-सी स्थितियों के बीच मनुष्य की गरिमा को नये सिरे से रेखांकित करने का यत्न है। कुछ मध्यवर्गीय परिवारों के प्रसंग से महानगरीय जीवन के बहुतेरे नये-पुराने रंग भी इस नाटक में सहज ही उभरते हैं, पर कुल मिलाकर तो इसके घटनाक्रम में मनुष्य की कुछ बुनियादी आकांक्षाओं, स्वप्नों और अस्तित्वगत स्थितियों की एक नयी पड़ताल है। मनुष्य मात्र के प्रति शुभेच्छाओं की एक करुण-धारा भी इसकी कथा-अन्तःकथा में प्रवाहित है, जो इसे कई तरह के तनावों के बीच भी द्रवित रखती है—बिना किसी तरह की भावुकता को पोसे हुए। निश्चय ही 'दिमाग़े-हस्ती दिल की बस्ती है कहाँ? है कहाँ?' एक ऐसी कृति है जो बाँधती है। विचलित करती है। कई काले-अँधेरे कोनों को उजागर करती हुई, कई प्रसंगों में मानव-मन के आन्तरिक सौन्दर्य को भी सहज ही उभारती है।

महेन्द्र भल्ला का कथाकार-उपन्यासकार और कवि रूप, हिन्दी में अपनी एक अलग पहचान रखता है। और उनका यह नाटक भी अपने लिए एक विशिष्ट स्थान का अधिकारी है। सुपरिचित रंगकर्मी राम गोपाल बजाज के कुशल और संधानी निर्देशन में राष्ट्रीय नाट्य विद्यालय के रंगमंडल ने इसे देश के विभिन्न अंचलों में मंचित किया है, और यह सभी जगह प्रशंसित-

चर्चित हुआ है। इसकी नाट्य-भाषा में नयी आहटें हैं, जो हिन्दी के नाट्य-साहित्य के लिए निश्चय ही एक खुशखबरी है, क्योंकि महेन्द्र इसी नाटक पर नहीं रुक गये हैं : इस बीच उन्होंने कुछ और नाट्य-कृतियों की रचना की है। हिन्दी के एक समर्थ रचनाकार का यह नया रुझान कितना ऊर्जावान है यह इसी से जाहिर है कि जिस तरह उनका पहला उपन्यास 'एक पति के नोट्स' आज से पचास वर्ष पूर्व छपते ही चर्चा में आया था, और आज तक बना हुआ है—उसी तरह उनका यह पहला मंचित-प्रकाशित नाटक रंग-जगत और साहित्य-जगत का ध्यान निरन्तर आकर्षित कर रहा है। राष्ट्रीय नाट्य विद्यालय के त्रैमासिक वृत्त 'रंग प्रसंग' में प्रकाशित होने के बाद, इसका पुस्तकाकार प्रकाशन निश्चय ही इसे और अधिक पाठक और दर्शक प्रदान करेगा, इसमें कम से कम मुझे कोई सन्देह नहीं है।

—प्रयाग शुक्ल

दिमाग़े हस्ती दिल की बस्ती

है कहाँ? है कहाँ?

मुख्य पात्र

देस दीपक मल्होत्रा (58)	:	'कालिदास'
रुचि (53)	:	कालिदास की पत्नी
आलोक महाजन (50-51)		
अनुराग (29)	:	कालिदास और रुचि का बेटा
नीलिमा (26)	:	अनुराग की पत्नी
राहुल (एक-डेढ़ वर्ष)	:	अनुराग और नीलिमा का बेटा (डम्मी)
राजेश कपूर (60 से ऊपर)		
कौशल्या (60)	:	राजेश की पत्नी
लक्ष्मी (32)	:	राजेश-कौशल्या की नौकरानी
रक्षा महाजन (46)	:	आलोक की पत्नी
नेहा (17), संजीव (12)	:	आलोक और रक्षा के बच्चे
ज्ञान खन्ना (60)		
माया	:	(ज्ञान की पत्नी) वह दिखाई नहीं देती सिर्फ़ फ़ोन पर सुनाई देती है
विकास (30)	:	राजेश और कौशल्या का लड़का
सोनिया ((28)	:	विकास की पत्नी

अंक-एक

दृश्य-एक

[दिल्ली : जनवरी 1997 का एक इतवार। जमनापार पटपड़गंज की एक हाउसिंग सोयाइटी के मध्यवर्गीय फ़्लैट के ड्राइंग रूम में दोपहर के बाद की सुस्ती, चुप्पी, बोरडम और निराशा का मिला-जुला वातावरण।

रुचि मल्होत्रा और उसका पति देस दीपक 'कालिदास' सोफ़ों पर ऐसे बैठे—अधलेटे-से हैं कि लगता है काफ़ी देर से वे ऐसे ही हैं; सोफ़े डाइनिंग टेबल आदि की तरह कमरे की चुप्पी और निराशा का हिस्सा लगते हैं। रुचि बड़े सोफ़े के कोने में उस पर टाँगें पसारे अधलेटी—सी है। एक छोटी शाल उसकी टाँगों पर है और दूसरी उसके कन्धों पर। उसकी गर्दन सोफ़े की बाँह पर लुढ़की—सी है, उसका मुँह दर्शकों की तरफ़ है और वह बोरडम में छत की तरफ़ देख रही है। वह सलवार-कमीज़ पहने हुए है और आधी बाँहों का स्वेटर जो इस वक़्त दिखाई नहीं देता। देस दीपक 'कालिदास' उसके साथ वाले छोटे सोफ़े पर गठरी-सा बैठा है, एक बड़ी शाल में लिपटा-सा। वह दर्शकों को ऐन सामने देख सकता है। वह कुर्ता-पाज़ामा और पूरी बाँहों का स्वेटर पहने है, गले में मफ़लर और पाँवों में जुराबें भी हैं। उसके साथ ही दूसरा छोटा सोफ़ा रखा है और उसके आगे टी. वी. और टी. वी. के साथ बड़े सोफ़े के सामने और समानान्तर दो-तीन छोटी स्टूलनुमा कुर्सियाँ पड़ी हैं। बीच में सेंट्रल टेबल पर कुछ पत्रिकाएँ 'इंडिया टुडे', 'संडे', आदि और दो अख़बार 'हिन्दुस्तान टाइम्स' और 'टाइम्स ऑफ इंडिया', पड़े हैं। वहीं टी.वी. का रिमोट कंट्रोल पड़ा है जो रुचि की तरफ़ वाले हिस्से में है।

कुछ देर तक दोनों को निश्चेष्ट-सा दिखाया जाता है। फिर कालिदास अख़बार उठाता है, मगर बिना पढ़े ही वापस रख देता है। उसके बाद रुचि करवट बदलती है। उसका मुँह थोड़ा सोफ़े की पीठ की तरफ़ हो जाता है मगर तुरन्त ही वह वापस पहले वाली मुद्रा में मुड़ती है और लेटे-लेटे ही रिमोट कंट्रोल उठाती और टी. वी. चलाती है, कुछ चैनल बदलती है और 'बकवास! बकवास! सब बकवास!' कह

कर उसे बन्द कर देती है, रिमोट कंट्रोल को मेज़ पर फेंक-सा देती है और अपना सिर शाल से ढाँपकर सोने की कोशिश करती है— पहले सोफ़े पर पूरे लम्बे लेटकर मगर फिर वापस अपनी पहली वाली स्थिति में आ जाती है।]

कालिदास : *(थोड़ा ऊपर को होकर रुचि को कुछ देर तक देखता है)* चाय और चलेगी?

रुचि : *(खीझे स्वर में)* नहीं।

कालिदास : हीटर चला दूँ?

रुचि : *(उसी लहज़े में)* नहीं! तुम्हें मालूम है मुझसे हीटर बर्दाश्त नहीं होता। सिर को चढ़ता है। तुम बस मेहरबानी करके चुप रहो। बस!

कालिदास : *(उसे कुछ कहना चाहता है मगर चुप रहता है और मेज़ से अखबार फिर उठा लेता है मगर तुरन्त ही फिर उसे वापस रख देता है, खड़ा हो जाता है, शाल ठीक से लेता है, इधर-उधर देखता है मानो अपनी इस स्थिति में कोई रास्ता ढूँढ़ रहा हो मगर न पाकर फिर बैठ जाता है और टाँगें ऊपर करके अपने को पूरी तरह से शाल में (जो कि एक धुस्सा है, लपेट लेता है)* ठंड बहुत है। बहुत ही ठंड है।

(रुचि उसकी तरफ़ गुस्से से देखती है मगर कोई जवाब नहीं देती। एकाएक फोन की घंटी बजने लगती है। दोनों चौंकते हैं। रुचि लेटी रहती है, पर कालिदास धुस्सा उतार फेंकता हुआ छलाँग— सी मारकर फ़ोन की तरफ़ जाता है जो रुचि वाले सोफ़े के सामने वाली दीवार के साथ रखे रैक पर पड़ा है, जहाँ उनके लड़का-लड़की और बहू-दामाद और पोते के दो-तीन फ्रेम किए हुए फ़ोटो भी पड़े हैं। उनके पास ही गणेश जी की एक मूर्ति भी पड़ी है।)

रुचि : मैं कहती हूँ छलाँग तो ऐसे मारके फ़ोन सुनने जाते हो जैसे स्वयं भगवान का फ़ोन हो। रांग नम्बर होगा। पूछेगा भाटिया साहब हैं या कालरा साहब आ गये क्या, या फिर करोलबाग से बोल रहे हैं या बल्लीमाराँ से या फिर...अगर मैं सुनती तो कहता हाय जानी! अगर भलामानस-सा होता तो, वरना—

(कालिदास चलते-चलते क्षण भर रुककर, मुड़कर रुचि को देखता है और उससे सहमत— सा होता हुआ बाकी रास्ता बिना उत्साह के धीरे-धीरे तय करता है और उसी भाव से फ़ोन उठाता है। रुचि शाल में मुँह लपेट लेती है।)

(कालिदास .फ़ोन पर बात करता दिखाया जाएगा मगर कोई बात सुनाई नहीं पड़ेगी। रोशनी का घेरा उस पर पड़ेगा जिसमें वह शुरू में ज़रा उदासीनता से मगर बाद में उत्साह से बात करेगा। रुचि पर और उसकी तरफ़ वाले हिस्से में रोशनी मद्धिम हो जाएगी, लगभग अँधेरे वाली। फ़ोन सुनकर कालिदास थोड़ी चुस्ती से स्टेज पर दर्शकों के पास ऐन आगे आ जाता है। रोशनी का गोल पुंज भी उसके साथ-साथ उस पर पड़ता जाता है।)

कालिदास : *(दर्शकों से)* सुनिए! सुनिए लोगो, सुनिए! मैं देस दीपक 'कालिदास'— साफ़ है कि मैं वो शकुन्तला वाला महान कालिदास नहीं हूँ। खींचने के लिए दोस्तों ने, मेरे संस्कृत में अच्छा होने के कारण और मेरी बोर कवितागिरी पर, कहना शुरू कर दिया था। मैंने भी कहा, चलो, रख लेते हैं, उपनाम, तख़ल्लुस, छपने में उसकी गुडविल काम आएगी। यों बड़बोला जरूर लगा था, मगर कहीं धाकड़ भी लगा था—दुनिया को दिखा देंगे! बाद में शर्म आयी जैसे कि मेरे ख़याल में ज़्यादातर उपनामों, तख़ल्लुसों वालों को आती होगी। मगर तब तक देर हो चुकी थी। बदला नहीं जा सकता था।

यों आज़ादी की लड़ाई में लड़नेवाले पिता जी ने अपने देसीपने की मुहब्बत और सौन्दर्य-बोध की कमी के मिले-जुले दौर में मेरा नाम देस दीपक रखा था जो मुझे बचपन से ही बेहद नापसन्द था, क्योंकि बच्चे छेड़ते थे—'देश का बल्ब' कह कर या 'ओए दीपक तले अँधेरे' वगैरह-वगैरह, और नापसन्द है इसलिए कविता में द. द. कालिदास कर लिया। कुछ कविता वालों को पता नहीं है कि मैं मल्होत्रा हूँ और प्रायः दफ़्तर वालों को मालूम नहीं है कि मैं कालिदास हूँ *(यहाँ वह हवा में उद्धरण उँगली में बनाता है।)*

तो साहब, मैं, कालिदास पाँच फुट ग्यारह इंच *(पहले छः फुट था मगर 50 के बाद और 58 के बीच एक इंच कद कम हो गया है—यह मजाक नहीं है, वैज्ञानिक तथ्य है, हो जाता है)* साधारण—सा दिखने वाला एक आदमी इस नाटक का एक किरदार हूँ, मगर इस वक्त सूत्रधार हूँ! अरे, तुक मिल गयी *(गाता—सा है)* किरदार हूँ...सूत्रधार हूँ। *(फिर थोड़ी ज़्यादा गम्भीरता से)*

देखिए! मैं अभी-अभी कुछ पंक्तियाँ गाऊँगा। आप मेरी पत्नी रुचि मल्होत्रा पर *(कई लोग उसे रुचि कालिदास या मिसेज़ डी. डी.*

कालिदास भी कहते हैं) उनका असर देखिएगा।

(गाना शुरू करता है)

अभी तो मैं...

नहीं, नहीं यह ठीक नहीं है...।

(तभी फ़ोन की घंटी फिर बज उठती है। वह दर्शकों को ठहरने का संकेत देकर, जाकर फ़ोन सुनता है। पहले की ही तरह वह फ़ोन पर बात करता दिखाया जाएगा, मगर कोई बात सुनाई नहीं देगी। बातों के दौरान वह थोड़ा और उत्साहित होता हुआ नज़र आएगा। रोशनी का वृत्त उसी पर पड़ेगा।

फ़ोन पर बात करके वह पहले से ज़्यादा चुस्ती—और लगभग व्यग्रता से लोगों के सामने आता है—रोशनी के वृत्त में।)

मैं कहता हूँ लोगो, अब तो और भी मज़ा आएगा। अब आएगा असली मज़ा। एकदम असली। जैसे असली घी में पहले के लोगों को आता होगा। आजकल जैसे फल-सब्ज़ियों—वो भी कच्ची—में लोगों को लेने के लिए कहा जाता है *(पहले दिल पर हाथ रखकर इशारा करता है कि दिल के रोगों के कारण और फिर सारे शरीर पर हाथ फिरा-सा देता है, मतलब कि बाक़ी शरीर की सेहत के लिए भी।)*

लोगो! लोगो! मैं जान-बूझकर दर्शकगण नहीं कह रहा हूँ। मैं महज़ आपको नहीं, बल्कि तमाम-तमाम लोगों को, सारे के सारे लोगों को यह बताना चाहता हूँ। इसलिए मेरी बात उन तक ज़रूर-ज़रूर पहुँचाइएगा। प्लीज़! प्लीज़!

मेरे गाने का मेरी पत्नी पर असर देखिएगा! मेरी पत्नी रुचि पर, जो इस इतवार के दिन—अस्य इतवारस्य दिवसे—प्रायः दूसरे इतवारों और दूसरे छुट्टी वाले दिनों की तरह, बल्कि इधर अक्सर अनेक शामों की और देर गए रातों की तरह भी, टी.वी. पर चैनलें बदलती रहती हैं, वो भी जापान के सोनी टी.वी. पर—जिसमें सबसे ज़्यादा चैनलें उपलब्ध हैं—असली, एकदम असली चैनल की खोज में नेति-नेति करते हुए जैसे पिछले ज़माने में अपने कुछ दार्शनिकों ने ईश्वर की व्याख्या की थी या उसे खोजते हुए कहा था, कि यह भी नहीं है, यह भी नहीं है, यह भी नहीं—नेति-नेति—बोर हो रही थी और जो हमारी ज़रा जल्दी शादी हो जाने के लिए (हालाँकि उस वक्त स्थिति कुछ ऐसी हो गयी थी कि हम दोनों को ही उसकी जल्दी थी), और सिर्फ़ दो ही बच्चे पैदा करने के लिए (हालाँकि दो ही बच्चे पैदा करने

का फ़ैसला उसी का था। मैं अतिरिक्त भावनात्मक सुरक्षा चाहने वाला, कम से कम तीन चाहता था) और बेटी अनुराधा को अमरीका जाने देने के लिए (हालाँकि उसका एन. आर. आई. पति, जो उसी के रिश्तेदारों के किन्हीं जान-पहचान वालों में से था, उसने स्वयं ही चुना था और इस बात पर न सिर्फ़ तब गर्व किया था बल्कि आजकल भी, बावजूद इसे अब एक ग़लती समझने के, इस पर कुछ लोगों के सामने गर्व करने का लोभ संवरण नहीं कर पाती) और लड़के अनुराग को शादी के बाद अलग होने देने के लिए (हालाँकि वह आर्थिक रूप से भी और वैसे भी इतना आज़ाद और मुँह-ज़ोर है कि अपनी ज़िन्दगी अपने हिसाब से ही जीना चाहता है जैसा कि करने के लिए हम दोनों ही उसे पाठ पढ़ाते रहे थे) और इतवार को और छुट्टी वाले दिन प्रायः कहीं भी जाने के लिए कोई ख़ास जगह या घर न होने के लिए या फिर उसके उतने दूर होने के लिए (जमना का बीच में होना मानसिक और भावनात्मक दूरी को बढ़ा देता है) कि वहाँ जाना इतना पहाड़ लगे कि कभी-कभी से ज़्यादा बार स्वयं रुचि को ही कहना पड़े कि इतनी दूर मिलने भी जाओ और फिर बोर हो जाओ।

और, और *(यहाँ ज़रा धीरे से और खुफ़िया अदाज़ से)*, और उसे प्यार न करने के लिए या करना छोड़ देने के लिए या जैसा कि वह इधर कहने लगी है कि वास्तव में, कि एकदम वास्तव में, एकदम भीतर से, अपने दिल के भीतर से कभी भी न करने के लिए (हालाँकि यह ग़लत है) और शादी के बाद और ख़ास तौर से शादी के इतने सालों के बाद, उम्र के बढ़ने के साथ-साथ मेरे भयंकर रूप से डल और बोर निकल आने के लिए, उसके लिए, और मानो रोज़-रोज़ और कई दफा तो मिनट-दर-मिनट और रो और डल और बोर निकलते चले जाने के लिए (कुछ बोलकर मगर ज़्यादा बिना बोले ही, क्योंकि अब तक बोलकर मुझ पर आक्रमण करना उसके लिए ऐसा ज़रूरी नहीं रह गया)। संकेतों द्वारा, कुछ आँखों की खास भाषा से मुझे देखने, बल्कि न देखने के अपने अन्दाज़ से कुछ स्पेन की फ्लेमिंको नर्तक-नर्तकियों के अंग-अंग के ज़बर्दस्त फड़कते अद्‌भुत व्यक्तिकरण से एकदम उलट अपने अंग-अंग को, रोम-रोम को, पोर-पोर को मेरी तरफ़ मानो बन्द कर लेने वाली अपने शरीर की भाषा में—मगर कुछ आत्मा की गूढ़ भाषा में जिससे मुझे लगता है कि यह सुन्दर स्त्री कभी भी मानो मेरे हाथ में नहीं आयी, पूरी तरह नहीं आयी, आकर भी नहीं

आयी—मुझे, मुझ देस दीपक 'कालिदास' को दोष दे चुकी है—ऐसी मेरी पत्नी को—ऐसी मम पत्नीं, जैसा कि संस्कृत में कहते हैं, या कहते थे या जैसा कि हमारे संस्कृत के पंडित जी पढ़ाते वक्त विशेषणों या अतिशयोक्तियों और दूसरे अलंकारों की लड़ियों की झड़ियों भरे लम्बे, पन्ने डेढ़ पन्ने के पैरे के बाद खूब बल देकर और ज़ोर-ज़ोर से 'भोः भोः' करने वाली, रोशनदान में बैठे कबूतरों को कई बार उड़ने पर मजबूर करने वाली अपनी भारी-भरकम और ऊँची आवाज़ में ऐसी...वग़ैरह कहकर पूरा किया करते थे—देखिएगा। ऐसी मम पत्नीं—ऐसी मेरी पत्नी को देखिएगा।

(वह रुचि की तरफ़ देखता है, आधा दर्शकों की तरफ़ भी—और गाता है। उसके गाने के साथ-साथ रोशनी रुचि पर भी पड़ने लगती है।)

'अभी तो जान बाक़ी है
अभी तो आस बाक़ी है
अभी तो दिल सँभलना है
अभी तो फूल खिलना है।'

(फिर दर्शकों की तरफ देख कर)

और लोगो, मुलाहिज़ा फ़रमाओ—*(यह वह ज़रा ज़ोर से गाता है)*

अभी तो राज़ खुलना है—

मेरा मतलब ज़िन्दगी का राज़—जीवनस्य रहस्यम्!

(फिर रुचि की तरफ़ देखकर बड़े तीव्र और ऊँचे स्वर में गाता है, मगर उसमें मज़ाक का पुट भी होता है।)

अभी तो राज़ खुलना है—

(गाना बन्द करके कुछ देर वह रुचि की तरफ़ असर के लिए देखता है। उधर से कोई हरकत नहीं होती। रुचि लाश की तरह निश्चेष्ट पड़ी रहती है। कालिदास उसे उकसाने के लिए मानो आख़िरी बार बहुत ज़ोर से गाता है)

अभी तो फूल खिलना है
अभी तो राज़ खुलना है। *('राज़' पर ज़ोर देता है।)*

रुचि : *(एकाएक अपनी जगह पर तनकर बैठते हुए और अपने हाथों को अपने कानों पर रखते हुए और कालिदास को तोहमती नज़र से देखते हुए)* तुम्हें तो बोरदास कहना चाहिए, कालिदास नहीं।

कालिदास : प्रिये! जब लोग मुझे कालिदास कहते हैं, उनका मतलब यही होता है।

रुचि : ऐसा कहते हो, मगर मानते तो नहीं हो।

कालिदास : बोर कवि की निशानी ही यही होती है कि वह अपने को महान मानता है। कोई हिन्दी कवि नहीं मानता कि वह बोर है मगर सब होते हैं।

रुचि : सुन लेंगे तो लड़ने को आ-जाएँगे।

कालिदास : वे सुनते नहीं, सिर्फ सुनाते हैं।

रुचि : ज़बान वालों से शादी नहीं करनी चाहिए।

कालिदास : हमारी उम्र ऐसी हो गयी है, मेरी प्यारी पत्नी कि अगर शादी आपने बेज़बान से की होती तो कहतीं बेज़बानों से नहीं करनी चाहिए।

रुचि : बड़ा फिजूल खर्च करते हो ज़बान का।

कालिदास : सब तुम्हारे लिए। अब तो खासकर तुम्हारे लिए, क्योंकि तुम्हीं तुम रह गयी हो। हमीं तुम रहे गये हैं। तुम्हारे मनोरंजन के लिए।

रुचि : मेरा मनोरंजन नहीं हुआ। नहीं हुआ। कालिदास, तुम्हारे बोर गीत से जिसमें मल्लिका पुखराज द्वारा गाए गाने की नकल की बू आती है, मेरा मनोरंजन नहीं हुआ। *(उठ खड़ी होती है और उसके गाने की नकल उतारती है।)*

अभी तो जान बाक़ी है।
पता नहीं क्या बाक़ी है!

(उसको घूरती है।)

कालिदास : आप चिढ़ गयीं।...

(यहाँ कालिदास दर्शकों की तरफ़ देखकर कहता है— मुँह पर ऐसे हाथ रखकर जिसका मतलब है कि बात सिर्फ़ दर्शकों से की जा रही है।)

वह पूछना चाहती है कि किसका फ़ोन था। मगर खुद नहीं पूछेगी। कभी-कभी अहं की यह बीमारी इसे बुरी तरह से जकड़ लेती है। चाहती है कि मैं इसे रिपोर्ट करूँ। मेरी शराफ़त की वजह से इसे

आसान समझती है। मैं भी चुप हूँ।

(रुचि कालिदास को पहले से ज़्यादा सख़्ती से घूरती है।)

(उसे चिढ़ाने के लिए)

अभी तो जान बाक़ी है...

रुचि : *(बेसब्री और गुस्से में)* शट अप। शट अप। कालिदास! बताओ किसका फोन था? या किस-किस का था?

कालिदास : *(हल्की जीत के एहसास से मुस्कराता है और कनखियों से दर्शकों को देखकर रुचि के आगे लहराता है और चुटकी बजाता है)* अब होगा मनोरंजन। एक तो आपके बेटे अनुराग का था। शाम को शायद आएँगे वो लोग। कहीं जा रहे हैं। आपकी आँखों के—दादी की आँखों के तारे को—चक्षु तारकम को, राहुल को छोड़ने आएँगे...मगर एकदम पक्का नहीं है।

रुचि : पक्का नहीं है! और कालिदास, प्लीज़ यह लहराना छोड़ो। मुझसे बर्दाश्त नहीं होता। पक्का क्यों नहीं है? नीलिमा मायके छोड़ने को कह रही होगी?

कालिदास : *(अब ठीक लहज़े में)* शायद! मगर मेरे साथ ऐसी कोई बात नहीं हुई। सो ख़ामख़्वाह बेचारी से लड़ने नहीं लग जाना। वह वैसे ही तुमसे इतना डरती है। अनुराग ने कहा था कि निन्यानवे प्रतिशत यहीं आएँगे और राहुल को छोड़ जाएँगे। शायद कोई पिक्चर-विक्चर देखने जा रहे हैं जो टी.वी. में जल्दी नहीं आने वाली। आए तो खाना भी यहीं खाएँगे।

रुचि : *(चमककर)* यह क्या बकवास है! मैं देख रही हूँ कई दिनों से, कहीं जाना होता है तभी राहुल को छोड़ जाते हैं—झट आये और चले गये। हमारा क्या पोते पर कोई अधिकार नहीं है? या उन पर? आज तो छुट्टी थी, सुबह नहीं आ सकते थे? या दोपहर को? उन्हें मालूम भी है कि हम लोग उनके आने की आस लगाए बैठे रहते हैं। उधर जाते होंगे। अनुराग समझ नहीं रहा है कि नीलिमा उसे अपने मायके की तरफ़ कर रही है। मैंने तुमसे कहा था कि उधर फ़्लैट मत लेकर दो, जहाँ से उसका मायका नज़दीक पड़ता हो। इधर किराया भी कम होता।

कालिदास : फ़्लैट उन्होंने खुद लिया है और यह सोचकर कि कनाट प्लेस वहाँ से पास पड़ता है और यह संयोग की बात है कि वह यहाँ से उतना ही दूर है जितना कि नीलिमा के मायके से—या लगभग। मगर हमें

वह समधियों के पास लगता है और उन्हें हमारे पास लगता होगा।

रुचि : ग़लत! ग़लत! तुम्हें ये बातें समझ में नहीं आएँगी। तुम आदमी हो और हिन्दी के बोर कवि भी।

कालिदास : दोनों चीज़ें साथ-साथ?

रुचि : *(बरबस मुस्कुराते हुए)* तुम अपना मज़ाक उड़ा सकते हो, तुममें बस यही एक ख़ूबी है—भले ही ऊपर से उड़ाते हो।

कालिदास : चलो कुछ तो हूँ तुम्हारी नज़रों में।

रुचि : यही हो बस। और कुछ नहीं। दूसरा किसका था?

कालिदास : आलोक का।

रुचि : *(उत्साहित होकर और खड़ी होकर)* आलोक का? आलोक का?

कालिदास : *(हाँ में सिर हिलाता है।)*

रुचि : क्या बोला? क्या जवाब दिया उसने?

कालिदास : वह बात करने को तैयार है।

रुचि : तैयार है? तैयार है? यह तो बहुत अच्छी बात है।

(उत्साह से कालिदास की तरफ बढ़ती है।)

कालिदास : यों यह भी कहा उसने कि कोई फ़ायदा नहीं निकलेगा। मगर, क्योंकि हम लोग इतना ज़ोर दे रहे हैं तो बात करके देख लेता है।

रुचि : यह तो वास्तव में बहुत अच्छी ख़बर है। इसलिए तुम इतना लहरा रहे थे? बेचारी रक्षा का टूटा हुआ घर फिर से बस जाएगा। इसका मतलब है कि आलोक अन्दर से माना हुआ है। बाहर से अकड़ रखने के लिए कह रहा है कि कोई फ़ायदा नहीं निकलेगा। उसे नहीं पता कि औरतों को कैसे-कैसे भूतों के साथ रहना पड़ता है।

कालिदास : *(मुँह सिकोड़ता है)* मैं भी कुछ बोलूँ?

रुचि : *(उसे हाथ उठाकर आगे बोलने से मना करती हुई)* मैं कहती हूँ कालिदास, इनका काम हो गया तो मैं सौ रुपये का प्रसाद चढ़ाऊँगी हनुमान जी के मन्दिर...।

कालिदास : मैं भी!

रुचि : तुम तो नास्तिक हो!

कालिदास : फिर भी। किसी का शुक्रिया अदा करने का मन करेगा इसके बाद। दरअसल मैं नास्तिक भी नहीं हूँ। जब मुसीबत आती है या ऐसा ही कोई बुरा वक़्त आता दिखाई देता है, कभी-कभी किसी दूसरे पर भी, तो लगता है कि आस्तिक हूँ। भगवान याद आता है। बाकी वक़्तों में नास्तिक...।

रुचि : तुम तथाकथित सैक्युलर उदारवादी लोग ऐसे ही होते हो। हवा में लटकते रहते हो।

कालिदास : जो ढिठाई से एक ही जगह गड़े रहते हैं, उनसे तो अच्छे हैं।

रुचि : *(हाथ से उसकी बात को उड़ाते हुए)* कितने बजे आएगा?

कालिदास : छः बजे।

रुचि : छः बजे? अनुराग-नीलिमा भी छः बजे आएँगे। राहुल को सँभालना मुश्किल हो जाएगा। सबके लिए खाना बनाना पड़ेगा।

(सोचती है।)

कालिदास : अनुराग को फ़ोन कर दूँ कि न आए। वहाँ चला जाए--अपनी ससुराल?

रुचि : नहीं! नहीं! हो जाएगा। सब हो जाएगा। सब हो जाएगा। मैं घर ठीक करती हूँ और तैयार हो जाती हूँ *(वह जल्दी से कमरे में नज़र दौड़ाती है और अपने पर भी—फिर शाल उतारकर सोफे पर रखती है और अपने जूड़े के पिन और रबड़-बैंड निकालती है। बालों को झटका देकर बिखरा देती है।)* तुम जा के रक्षा को बता आओ। कहना जल्दी आ जाए। वह भी हाथ बँटा सकती है और फिर नेहा तो होगी उसे भी लगा दूँगी। राहुल को भी सँभाल सकती है। हो जाएगा। हो जाएगा...। कैसे जाओगे?

कालिदास : क्या मतलब कैसे जाओगे? गाड़ी से जाऊँगा और कैसे?

रुचि : मैंने सोचा कि कहीं खुशी-खुशी पैदल चले जाओ, सोच के कि इस बहाने सैर भी हो जाएगी, सुबह नहीं गये न! और पेट के भारीपन की शिकायत कर रहे थे...और छः बजे का टाइम भी कट जाएगा... *(वह इस दौरान दोनों शालों को उठाकर तह लगा लेती है)*

कालिदास : रुचि! रुचि! इतना नहीं हुआ हूँ वो अभी! इतना नहीं हुआ हूँ *(फिर विषय बदलता है)* मैंने और तुमने भी इतना कहा कि फ़ोन लगवा लो। आजकल झट से मिल जाता है। मगर उसके माँ-बाप महाकंजूस हैं। आजकल फ़ोन के बग़ैर नहीं चलता। ख़ैर छोड़ो। मैं यों गया और यों आया। *(चुटकी बजाता है। गाड़ी की चाभी लेने डाइनिंग टेबिल पर जाता है।)*

कड़कड़डुम्मा! कड़कड़डुम्मा! क्या नाम है साला, और पटपड़गंज! पटपड़गंज! डेढ़ साल हो गया इधर आए हुए। अभी तक न जमनापार का यह घर घर लगता है और न ही कड़कड़डुम्मा और पटपड़गंज की साली सुन्दरता गले से नीचे उतरी है। कड़कड़डुम्मा पटपड़गंज संस्कृत के आने के पहले के लगते हैं ये शब्द। पाणिनी

की नज़र से बच गए लगते हैं वरना संस्कार हो गया होता। *(स्वयं ही हँसता है)* या फिर पिंगल देश में कोई डिंगल शब्द रह गये हैं—पंजाब, हरियाणा, राजस्थान से घिरा हुआ है यह हिस्सा।

रुचि : *(इस बीच मेज़ से चुस्ती से गिलास वगैरह भी उठा चुकती है और अन्दर जाने को तैयार होती है, मगर कालिदास की बात सुन कर रुक जाती है और उसकी तरफ़ मुड़ती है—भरे हाथों से।)* संस्कृत आने से पहले मतलब कि आर्यों के आने से पहले, मतलब कि अगर वे यहाँ आये हैं? यहाँ क्या गँवार बसते थे, जिनका संस्कार होना था?

कालिदास : नहीं! नहीं! नहीं! बिलकुल नहीं! देखा। फिर गलती हो गयी न! ऐसी गलत पढ़ाई हमें पढ़ाई जाती है कि रिफ्लैक्स एक्शन से वही सब निकलता है एकदम मुँह से। सॉरी, सॉरी, भई रुचि सॉरी। यहाँ के आदिवासी लोगों से क्षमा माँगता हूँ—शायद हम भी उन्हीं में से हों या मिले-जुले हों। कौन कह सकता है? मेरा रंग तो वैसे भी पक्का...।

रुचि : जाओ, जाओ। अब फिजूल में वक़्त और ज़बान ज़ाया मत करो। दो चिकन भी लेते आना और चावल भी ख़त्म हो रहे हैं। तीस वाले लाना। और उससे कहना कि पिछली बार वाले ठीक नहीं थे, मोटे थे और लम्बे भी कम थे। और कभी-कभी जुड़ भी जाते थे। असली बासमती नहीं थी। पता नहीं हमारे साले लोग हर चीज़ का डुप्लीकेट ढूँढ़ लेते हैं और देख के लेना। वो जो पकड़ाये वही पकड़ के मत ले आना।

कालिदास : मैं उसे कह दूँगा। मगर वह वही देगा, जो वह देगा, जो सबको देता है और कह देगा कि साहब, अब चिन्ता मत करो। पका के देखो। सारा मुहल्ला खुशबू से महक उठेगा। वरना पका-पकाया पतीला यहाँ ले आना।

रुचि : *(डाँटते हुए)* कालिदास!

कालिदास : अच्छा भई, देख लूँगा। अच्छा जाता हूँ।

रुचि : *(अन्दर जाने को मुड़ती है मगर फिर मुड़कर)* हाँ, आईसक्रीम भी लेते आना। मैं कोई मीठा नहीं बना पाऊँगी--वैसे तो गाजरें पड़ी हैं मगर गजरेले को टाइम लगेगा। बड़ी ब्रिक लाना। बाकी सब हो जाएगा। *(फिर कुछ क्षण कालिदास को नज़र टिका के देखती है।)* आलोक पक्का आएगा न? पिछली बार की तरह ऐन आख़िरी वक़्त में आकर न तो नहीं बोल देगा। बेचारी रक्षा का बुरा हाल हुआ था,

तुम्हारा दोस्त न होता तो उसके बाद उससे बात न करती ज़िन्दगी-भर।

कालिदास : मेरा ख्याल है, आएगा। उसकी टोन से तो यही लग रहा था। बाकी वो जाने या खुदा जाने।

न हम जानें न तुम जानो।
कड़कड़डुम्मा! पटपड़गंज!

रुचि : *(एकाएक सख्ती से)* तुम्हें पता है कि बात कितनी गम्भीर है। ज़िन्दगी और मौत का सवाल समझो उनके लिए। और तुम हो कि मसखरेपन में लगे हुए हो...मैं कहती हूँ—अब क्या कहूँ? इसीलिए अच्छी कविता नहीं लिख पाते हो तुम!

रुचि : सॉरी रुचि! सॉरी! भई सॉरी! असल में, मुझे लग रहा है कि मानो उनकी सुलह हो गयी है, और मुझे मन ही मन पोते साहब का खयाल आ रहा था, और मैं उस पर फ़िदा हो रहा था—और रुचि, ज़िन्दगी की इस बात पर भी कि हमें अभी-अभी लग रहा था कि मानो हम खत्म हो रहे हैं, खत्म! बिखर रहे हैं। डिस-इनटैग्रेट कर रहे हैं! और देखो कि अभी लाटरी खुल गई लगती है—लाटरी खुल गयी लगती है। तुम भी रुचि, तिरपन की नहीं चालीस की लग रही हो। और अभी सजोगी-धजोगी तो और भी कम उम्र की लगने लगोगी।

(गाता—सा है)

अभी मरे थे
अभी जी उठे हैं
मुहब्बत की इसमें नहीं
कोई गड़बड़

नहीं, नहीं, यह तो गड़बड़ हो गया।

अभी मरे थे
अभी जी उठे हैं
मुहब्बत के इसमें सभी
रंग चमके...
मगर नहीं, नहीं—

(सर पर ज़ोर डालता है।)

रुचि : *(मुस्कराती हुई)* तुम जाओ कालिदास। ज़बान और वक़्त मत ज़ाया

करो। और दरवाज़ा बन्द करके जाना। पिछली बार खुला छोड़ गये थे।

कालिदास : बन्द करके जाऊँगा, पत्नी जी! वाइफ़ जी! *(फिर एकाएक बड़ी गम्भीरता से)* रुचि! मैं कहता हूँ कितना अच्छा हो अगर हम लोग साथ-साथ रहने लगे। मतलब पोते...।

रुचि : बड़ा घर ले लो या कोठी।

कालिदास : कहाँ से ले लें? यह घुरनी ही कायम रहे तो ग़नीमत है। मगर यह कोई रहने का तरीका नहीं है।

रुचि : *(एकाएक गुस्से से)* नहीं है। नहीं है। मुझे मालूम है। अब तुम जाओ। जी जलाने की बातें मत करो। मूड ऑफ हो जाएगा।

(कालिदास कुछ क्षण उसे देखता है और फिर बाहर की तरफ़ जाता है। मगर दरवाजे पर आकर रुक जाता है, और फिर उसे बन्द करता है, ताकि रुचि को लगे कि वह चला गया है, और वहाँ रखी लकड़ी की आदमकद स्क्रीन की जाली से पत्नी को देखता है। रुचि लम्बी ऊँची सुन्दर और प्रभावशाली स्त्री है।)

(रुचि, उसे चला गया जानकर अपने हाथ की चीज़ों को फटाफट किचन में रखकर वापस आती है और डाइनिंग टेबल को ठीक करती है, फिर सोफ़ों की गद्दियों और सेंट्रल टेबल पर पड़े अख़बार और पत्रिकाओं को ठीक करती है। और फिर इधर-उधर नज़र दौड़ाती है और यह पाकर कि बाक़ी सब ठीक है डाइनिंग टेबिल पर पड़े छोटे शीशे को उठाकर उसमें अपने आपको देखती है, हल्की— सी मुस्कान उसके चेहरे पर आती है। वह फिर शीशा नीचे रखकर अपने स्वेटर के बटन खोलकर उसे उतार देती है। फिर शीशा उठाती है, चेहरा देखती है, अपने शरीर पर नज़र मारती है, फिर अपने बालों को झटका देती है और मुस्कराती हुई चुस्ती से कंघी करने लगती है। वह सुन्दर लगती है। कालिदास कुछ देर तक खड़ा रहकर उसे देखता है। उसकी नज़रों में प्यार, हसरत और उदासी का मिला-जुला भाव आ जाता है। फिर वह चुपके से बाहर चला जाता है।)

दृश्य-दो

[पहले दृश्य के कुछ ही देर बाद। रुचि ने कपड़े बदले हुए हैं और थोड़ी बनी-सँवरी भी है— मगर नफ़ासत से। उसने कमर में एप्रन भी बाँधा हुआ है। वह बड़े सोफ़े पर उसी कोने में बैठी है जहाँ पहले बैठी-लेटी— सी थी और मटर निकाल रही है। सामने थाली में मटर और आलू पड़े हैं और पास में एक चाय का गिलास भी। पास ही एक डोंगा है जिसमें मटरों के दाने डाल रही है। उसके सामने एक और थाली भी है, जिसमें वह मटरों के छिलके रखती जा रही है। डाइनिंग टेबल पर टू-इन-वन के रेडियो का एफ़. एम. चैनल चल रहा है— धीरे-धीरे।

रसोई में कुकर की सीटी की आवाज़ होती है तो रुचि फुर्ती से उठती है और अन्दर जाकर कुकर के नीचे गैस बन्द करके वापस आकर अपनी जगह पर बैठकर मटर जल्दी-जल्दी निकालने लगती है। बीच-बीच में वह घड़ी की तरफ़ भी देखती जाती है जो डाइनिंग टेबल पर पड़ी है।

तभी वह फिर फुर्ती से उठती है और जाकर रेडियो बन्द कर देती है, 'क्या बकवास गाने आ रहे हैं' कहती है और फिर आकर मटर निकालने में व्यस्त हो जाती है।

तभी आलोक महाजन चुपके से प्रवेश करता है। 50-51 का नपे-तुले शरीर वाला, मगर शरीर के अनुपात में बड़े चेहरे वाला जो मुग़ली दाढ़ी के कारण और भी ज़्यादा बड़ा लगता है— रोमांटिक— सा आदमी है। उसकी दाढ़ी के घने बाल ऐसे घने काले हैं कि साफ़ पता चलता है कि रँगे हुए हैं। उसके मूँछें नहीं हैं— सफ़ाचट है। आलोक दबे-पाँवों थोड़ा आगे बढ़ता है और फिर खड़ा हो जाता है। रुचि उससे नहीं देखती।]

आलोक : *(रुचि के थोड़ा पास आकर, एकाएक)* हैंड्स अप!

रुचि : *(एकाएक चौंक उठती है, मगर आलोक को देखकर मुस्कराती है और काम छोड़कर खड़ी हो जाती है अपने एप्रन पर हाथ पोंछते हुए)* अरे आप! दरवाज़ा खुला था क्या?

आलोक : *(मुस्कराकर)* अभी तक किसी के घर चोरों की तरह आना-जाना नहीं सीखा, अपने में भी ऐसा नहीं कर पाया। आपको मालूम ही है—और (फिर इधर-उधर देखकर और फिर थोड़ा रोमांटिक ढंग से मुस्कराकर)... तुम्हारे घर में भी नहीं। अभी नहीं। जब चाबी दोगी या ऐसा करने के लिए कहोगी तो बन्दा आज्ञा का पालन खुशी-खुशी करेगा।

(इन शब्दों के साथ-साथ वह धीरे-धीरे रुचि की आँखों में देखता हुआ और ज़रा और रोमांटिक लहज़े में मुस्कराता हुआ उसकी तरफ बढ़ने लगता है।)

भई मान गए रुचि! लोग उम्र के साथ ढलने लगते हैं मगर तुम तो पहले से भी ज़्यादा एट्रेक्टिव हो गयी हो—ज़्यादा आकर्षक, ज़्यादा इलेक्ट्रिक शॉक देने वाली।

रुचि : *(उसे सख़्ती से देखती है, जिससे आलोक के चेहरे का फ़्लर्टपन का भाव और मुस्कराहट चले जाते हैं।)* ये बाल आज ही रँगे हैं क्या? तभी इतने काले हैं।

आलोक : *(झेंपते हुए)* हाँ। *(मगर फिर ढिठायी से)* मगर तुम्हें मालूम है रुचि, कि ये मुद्दत से सफ़ेद हैं—प्रिमैच्योर या असमय जैसा कि कालिदास कहेगा। मगर इन बालों से क्या फ़र्क पड़ता है! असली बात तो...

(रुचि की तरफ़ रोमांटिक भाव से मुस्कराता है।)

रुचि : *(विषय बदलती है)* देखा कालिदास का काम! ख़ास कहा था कि दरवाज़ा बन्द करके जाना और एक बार बन्द किया भी था, क्योंकि क्लिक मैंने सुनी थी, पर लगता है सीढ़ियाँ उतरने के बाद उसे लगा होगा कि शायद बन्द करके नहीं आया है। फिर आया होगा, चाबी घुमाकर देखा होगा और खुला छूट गया होगा। मैं किचन में गिलास वगैरह रखने गयी थी वरना फिर आवाज़ सुनती तो मालूम पड़ जाता। इधर इन दिनों ध्यान भी ज़्यादा रखना पड़ता है। यह ख़ास ताला लगवाया भी इसीलिए है पिछले महीने कि आवाज़ देकर अन्दर से बन्द न करवाना पड़े, क्योंकि हममें से किसी एक के अन्दर से यह कहने के बावजूद कि बन्द करते हैं, हम इधर दो-तीन बार बन्द करना भूल गये थे। ज़्यादातर कालिदास ही भूला था। अब अपनी-अपनी चाबी अपने-अपने पास होती है। आने दो उसे। बूढ़ा हो रहा है। यों मैमोरी तेज़ करने के लिए ख़ास योगासन करता रहता है। और मैमोरी प्लस भी खा रहा है हालाँकि इनती महँगी है। आजकल इतनी वारदातें होने लगी हैं दिल्ली में—ख़ासकर बड़ी उम्र के या अकेले-दुकेले रहने वालों के यहाँ...।

आलोक : तुम इतनी रोबीली हो रुचि, कि कोई हिम्मत नहीं कर पाएगा। *(यहाँ रुचि की भृकुटि चढ़ती है, मगर आलोक परवाह नहीं करता)* और फिर तुम्हें कराटे भी आता है।

रुचि : फिर भी। कराटे एकाध के लिए चल सकता है। वो लोग दो-तीन हो

सकते हैं। उनके पास चाकू, हथौड़ा, डंडा या पिस्तौल भी हो सकता है। आज भी था पेपर में कुछ। आपके ही पेपर में था। एक औरत का गला काट दिया गया किसी फ़्लैट में।

आलोक : प्रेम की वारदातें भी होती होंगी। उसके बारे में लेकिन ख़बरें नहीं छपतीं, क्योंकि पता नहीं चलता। हमारे बीच भी यह वारदात हो सकती है।

रुचि : *(उसे गुस्से से घूरती है)* आलोक जी!

आलोक : तुम खामख्वाह गुस्सा हो रही हो, रुचि! ऐसे न आता तो दरवाज़ा खटखटाता। बल्कि खटखटाने ही लगा था बल्कि घंटी बजाने लगा था कि देखा कि खुला है। दरवाज़ा खटखटाता तुम्हारा तो खोलती कि नहीं?

रुचि : क्यों नहीं खोलती? आज तो ख़ास तौर से खोलती। आज तो रक्षा का घर—

आलोक : *(मन्द—सा मुस्कराते हुए रुचि की तरफ़ बढ़ता है)* रुचि, तुम बहुत ही सुन्दर...

रुचि : *(डाँटते हुए और साथ ही मेज़ से चाकू उठाते हुए)* आलोक जी! *(फिर जब आलोक रुक जाता है)* आलोक जी। यह क्या कर रहे हैं? यह सब क्या कर रहे हैं?

आलोक : डरो मत रुचि! बिल्कुल डरो मत! *(वह उसके सामने कुर्सी पर बैठ जाता है)* चाकू वापस रख दो और बैठ जाओ। हमारे बीच यह वारदात जब भी होगी म्यूचुअल कान्सैनिसज़ से होगी, या जैसा कि हिन्दीबाज़ कालिदास कहेगा परस्पर सहमति से—परस्पर सहमति से होगी। मगर एक बात है रुचि, इम्पार्टेंट—महत्त्वपूर्ण बात—वह भले ही हिन्दी में बोलेगा या लिखेगा मगर अँग्रेज़ी का अनुवाद करके, क्योंकि बहुत-सी इम्पार्टेंट, महत्त्वपूर्ण बातें हम अँग्रेजी में ही बोलते हैं जैसा कि, जैसा कि आई लव यू।

रुचि : *(रुखाई से)* आप अँग्रेज़ी पिक्चरें बहुत देखते हैं!

आलोक : नहीं, वो बात नहीं है। मैं सच कह रहा हूँ, आज तक मैंने पढ़े-लिखों में किसी को नहीं सुना—कम से कम जिन्हें जानता हूँ—कि उसने अपनी गर्लफ्रेंड को या ब्यॉय फ्रेंड को, औरत ने आदमी को आदमी ने औरत को हिन्दी या पंजाबी या उर्दू वगैरह में ऐसा कहा हो। सब अँग्रेज़ी में ही कहते हैं यह फ़िकरा या कहना चाहते हैं—आई लव यू। यही ठीक भी लगता है। मैं तुम्हें बताऊँ रुचि!... मैं तुम्हें बताऊँ?

(यहाँ उसका लहज़ा अपना कोई ख़ास राज़ बताने वाला दोस्ताना होने लगता है। वह उठ खड़ा होता है और अपनी कुर्सी के पीछे चला जाता है। सिगरेट सुलगाता है और कुर्सी की पीठ पकड़कर रुचि को सम्बोधित करता है।)

कालिदास को बुरा लगेगा सुनकर कि यह एक बहुत ही महत्त्वपूर्ण बात या सबसे महत्त्वपूर्ण बात भी हम अँग्रेज़ी में कहते हैं। खैर, मैं तुम्हें बताऊँ रुचि, और यह बात मैंने आज तक किसी को नहीं बतायी कि तेरह-साढ़े तेरह की उम्र में मुझे एक बड़ी लड़की, दो-तीन साल बड़ी होगी मुझसे, 'सिड्यूस' कर रही थी। इसका पता मुझे बाद में चला, बहुत बाद में। हालाँकि सिड्यूस शब्द शायद ठीक नहीं है। इसके लिए—तुम जानती हो होगी कि ऐसी बातें संयुक्त परिवारों में *(जिनमें से हमारी तुम्हारी पीढ़ी शायद आख़िरी पीढ़ी होगी, कम-से-कम दिल्ली में)* बहुत हुआ करती थीं *(मतलब पास के रिश्तेदरों में किशोर और किशोरियाँ जब छुट्टियों वगैरह में इकट्ठा हुआ करते थे—या वैसे भी।)*

मतलब कि मुझे अच्छा लग रहा था। बहुत अच्छा लग रहा था। किसी लड़की के साथ पहला अनुभव था, मैं घबराया हुआ भी था—मगर सबसे ज़्यादा शायद अच्छा ही लग रहा था मुझे। इसी अच्छा लगने के दरम्यान मैंने कहा बल्कि मुझसे कहा गया। मेरे मुँह से बरबस निकला था या निकल गया—'आई लव यू'।

और रुचि, हैरानी की बात यह है कि तब तक मैं अँग्रेज़ी बहुत कम जानता था। हिन्दी माध्यम सरकारी स्कूल में पढ़ता था—अँग्रेज़ी एक विषय था। और अँग्रेज़ी का भूत जैसा कि कालिदास कहता है, मेरे सिर पर बहुत बाद में चढ़ना शुरू हुआ। तब उसने मेरे होठों पर उँगली रखकर मुझे बोलने से मना कर दिया—जो मुझे बहुत बुरा लगा। मगर वो दूसरी बात है। कहने का मतलब है कि अँग्रेज़ी...

रुचि : मुझे तो हैरानी हो रही है आलोक जी, कि ऐसे इम्पार्टेंट मौके पर जब आपके परिवार का एक प्रकार से ज़िन्दगी और मौत का सवाल है, आप ऐसी बातें कैसे कर रहे हैं!

आलोक : आप! आप! आप!

रुचि : हाँ, आप। कहीं रक्षा ठीक तो नहीं कहती कि आप गहरा सम्बन्ध बनाने की क्षमता नहीं रखते, कैपेसिटी नहीं है इसकी आप में?

आलोक : *(तड़पकर)* ग़लत! ग़लत! ग़लत कहती है। एकदम ग़लत कहती है।

उसे पता होना चाहिए। बरसों रहा हमारा सम्बन्ध, और गहरा रहा। बरसों रहा। बाद में गड़बड़ हुई, जब हमारी पर्सनेलिटियाँ खुलीं और टकरायीं, बल्कि उसकी, उसकी जो ऐसी निकली कि मैंने बुरे से बुरे सपने में भी नहीं देखी थी। मगर बाद में, और बाद में साफ़ लगने लगा था जैसा कि अब लगता है कि उसके अनासिर पहले से ही मौजूद थे उसमें। मैं ही उन्हें अनदेखा करता आ रहा था—नज़रअन्दाज़ करता आ रहा था—मामूली बातें समझ कर, मामूली बातें समझ कर। उसी का नतीज़ा आज भुगत रहा हूँ। वो भी भुगत रही है।)

(वह क्षण चुप रहता है और ध्यान से रुचि को देखता है)

और रुचि, सच बताऊँ रुचि। मैं क्यों जल्दी आया हूँ? सच बताऊँ?

(रुचि इस बीच फिर से मटर निकालने का काम जारी कर लेती है, क्योंकि थोड़े ही बच रहे थे उसकी चौकन्नी नज़र ज़्यादातर आलोक की तरफ रहती है।

अलबत्ता कुछ ही क्षण में पूरे निकाल लेती है और थाली और डोंगे को ज़रा परे सरका देती है और खड़ी हो जाती है और अपने सोफ़े के पीछे जाकर, जिसमें कहीं आलोक को दूर रखने का भाव भी है, उसकी पीठ पर अधबैठ-सी जाती है और कहती है)

रुचि : बोलिए!

आलोक : कालिदास को फ़ोन करने के बाद मुझे तुरन्त लगा, तुरन्त, जब मैंने रक्षा के घर में फिर से होने की कल्पना की, फिर से इमेजिन किया कि वह घर में यहाँ है, वहाँ है, बेडरूम में है, ड्राइंगरूम में है, किचन में है, बाथरूम में है, सब जगह है तो मुझे बड़े ज़ोर से लगा कि नहीं! कि नहीं! नहीं! हम इकट्ठे नहीं रह सकते, कि हमारा हल तलाक ही है, डाइवोर्स ही है। डाइवोर्स। तलाक। सम्बन्ध-विच्छेद ही है। और कुछ नहीं।

(वह रुचि की प्रतिक्रिया के लिए कुछ क्षण रुकता है मगर रुचि कुछ नहीं कहती।)

हुआ क्या रुचि, कि बस एक कमज़ोर मोमेन्ट में फ़ोन कर दिया। अकेला था घर में सुबह से। घर खाने को दौड़ रहा था। सोचा अकेले रहने से तो बुरी शादी ही बेहतर है, मेरी जैसी बुरी भी जो बुरियाँ की भी बुरी है—कमज़ोर मोमेंट था।

रुचि : आपकी नौकरानी का क्या हुआ?

आलोक : आप मत कहो रुचि। हम इतने दूर नहीं हैं।

रुचि : हैं! शादी से पहले ज़रा से कुछ दिनों के सम्बन्ध को एक-दूसरे के पास आना नहीं कहा जा सकता।...आपकी नौकरानी का क्या हुआ?

आलोक : *(ज़रा-सा झेंपता है मगर फिर थोड़ा गुस्से में)* नौकरानी मत कहो उसे। रानी नाम है उसका। खतम हो गया उसका साथ। वो चली गयी।

रुचि : क्यों?

आलोक : उसमें ऐसा कुछ ख़ास नहीं था। बस ऐसे ही था।

रुचि : वह महज़ सैक्स वर्कर तो नहीं थी, क्योंकि कालिदास कह रहा था कि आप उससे शादी करने की सोच रहे थे?

आलोक : कहा था। एकाध बार कालिदास से पीने के बाद कहा था। मगर वो कमज़ोरी का मोमैंट था—कमज़ोरी का मोमैंट।

रुचि : *(निर्ममता से)* कमज़ोरी के मोमैंट आप पर बहुत आते हैं!

आलोक : हाँ, शायद। मुझे कहना नहीं चाहिए, मगर शायद इसलिए कि मैं शायद....ज़्यादा ह्यूमन हूँ।

रुचि : या शायद ज़्यादा ग़ैरज़िम्मेदार!

आलोक : रुचि! ऐसा मत कहो रुचि! प्लीज़!

रुचि : देखने में बुरी नहीं थी...रानी।

आलोक : नहीं, मगर सुन्दर नहीं थी जैसे तुम हो। *(यहाँ रुचि भृकुटि चढ़ाती है)* मुझे नहीं लगती थी, यों असुन्दर भी नहीं थी। और रक्षा के उलट मेरी बात समझती थी, मानती थी।

रुचि : नौकर जो थी।...वर्कर जो थी।

आलोक : सम्बन्ध होने के बाद की बात कर रहा हूँ। तब वह उतनी नौकर महरूरा नहीं करती थी। या बिल्कुल नहीं करती थी—मेरा खयाल-- कई मायनों में वह बहुत चुस्त थी। अलबत्ता घर का संचालन भी बहुत अच्छी तरह से करती थी मगर पीछे से, छिपे तरीके से, ताकि लोगों को पता न चले। घर सँभलाने की बड़ी प्रतिभा थी उसमें। उम्र में भी मुझसे बड़ी थी।

रुचि : उससे क्या फ़र्क़ पड़ता है?

आलोक : *(थोड़ा रुककर और रुचि को ध्यान से देखकर)* यों तो कुछ नहीं। मगर तुम भी तो बड़ी हो मुझसे। और वो भी बडी थी, जिसने मुझे सिड्यूस किया या जिसको मैंने पहली बार आई लव यू कहा था। मुझे लगता है मेरा सम्बन्ध शायद अपने से बड़ी औरतों से ही...

रुचि : *(उसे काटते हुए)* ये फ़िज़ूल की बातें हैं। उसने छोड़ा या आपने?

आलोक : *(तपाक से)* मैंने! मैंने!

रुचि : *(उसके तपाकपन पर हल्का— सा शक... मगर स्पष्ट मुस्कराती है)* क्यों?

आलोक : इसका जवाब देना बड़ा टेढ़ा है।

रुचि : किसी कमज़ोर मोमैंट में?

आलोक : *(हाथ मलता है)* रुचि! रुचि! क्यों मुझे लताड़ रही हो? क्यों हलाल कर रही हो?

रुचि : आपको मालूम है कि रक्षा मेरी सहेली ही नहीं है, छोटी बहन की तरह भी है। अगर आप कालिदास के इतने बड़े दोस्त न होते और उस गधी रक्षा का दोष भी थोड़ा कम होता तो मैं आपको घर में घुसने न देती। यह मैं आज बता रही हूँ। आप किसी चीज़ की ज़िम्मेदारी क्यों नहीं लेते पूरी तरह से? पिछली बार आपने कहा—रक्षा के बुलाने पर, पहल करने पर, कि मैं आऊँगा, मगर नहीं आये। ऐन आख़िरी वक़्त पर दौड़ गये। अब फिर उसने कड़वा घूँट पिया है, बच्चों की ख़ातिर। आपको मालूम ही है उसमें भी कितनी अकड़ है—कड़वा घूँट—आप ज़रा सोचिए कि उसने स्वाभिमान पर कैसे पत्थर रखकर बुलाया होगा आपको! पहली बार तो ठीक, कहा जा सकता है कि वह गयी थी, घर छोड़कर...इसलिए उसी का बुलाना बनता था, हालाँकि ज़रूरी नहीं था। मगर अबकी बार? दूसरी बार? और पिछली बार की तरह आपके रवैये से लग रहा है कि आप फिर डाँवाडोल हो रहे हैं।

और सच पूछिए आलोक जी, और बुरा मत मानिए या मान भी लीजिए तो मुझे फ़र्क़ नहीं पड़ेगा, मुझे लगता है कि आपने अपनी नौकरानी को—रानी को—इसलिए नहीं छोड़ा कि आपका सम्बन्ध गहरा नहीं था, बल्कि इसलिए कि आप उसकी पूरी ज़िम्मेदारी नहीं लेना चाहते थे, कि ज़िम्मेदारी से आप बिदकते हैं कि आप उन लोगों में से हैं जो ज़िम्मेदारी के बग़ैर मज़े लेना चाहते हैं। आप परले दर्ज़े के रोमांटिक हैं। रानी के बच्चों को छोड़ भी दीजिए, क्योंकि वो अपके नहीं हैं। तो रानी का आदिवासी और ईसाई होना और ज़्यादा पढ़ी-लिखी न होना आपके आड़े आया होगा। आप बड़े माडर्न बने फिरते हैं। अख़बार में बराबरीवादी चीज़ें लिखते हैं, नाटक लिखते हैं और वो भी अँग्रेज़ी में। मगर मन के दकियानूसी हैं। शायद

कट्टर हिन्दू हैं। ऊँच और नींच वाले हैं।

आलोक : रुचि! रुचि! रुचि! तुम्हें मालूम है यह ठीक नहीं।

रुचि : या फिर इसलिए *(यहाँ वह व्यंग्य से मुस्कराती है)* कि जैसा कमज़ोरी का मोमैंट आप पर उससे सम्बन्ध क़ायम करते वक़्त आया था वैसा ही मगर दूसरी तरफ़ जाने वाला, उसे छोड़ देने वाला, कमज़ोरी का मोमैंट आ गया, जैसा कि रक्षा बताती है कि आपके दफ़्तर में भी कोई थी...।

आलोक : नहीं, नहीं, रुचि! ऐसा नहीं था। ऐसा नहीं था। रक्षा को लगता था— हमारे बीच यह बड़ी गड़बड़ थी, कि जैसे ही मैं घर के बाहर निकलता हूँ, जैसे ही आँखों से ओझल होता हूँ, मुझे लड़कियाँ और औरतें घेर लेती हैं। यह उसका रोग था।

रुचि : आपने अपनी इमेज ही ऐसी बनाई हुई है।

आलोक : और रानी की यह बात थी कि उसका मकसद मुझसे किसी तरह से बस शादी करने का था। ताकि उसको कोई ठिकाना मिल जाए, क्योंकि यह विधवा थी और अगर मध्यवर्गीय ठिकाना मिल जाए तो क्या बात है, उसके हिसाब से अमीर। और मैं उस वक़्त अकेलेपन में डूब रहा था। वह तिनका थी। दोनों तरफ़ से स्वार्थी रिश्ता था। काश, इसमें प्यार होता! काश कि होता! वही तो कहीं नज़र आता।

रुचि : *(उसकी बात से न पिघलती हुई)* वो गयी तो परिवार की याद हो आयी?

आलोक : फ्रैंकली यैस। फ्रैंकली हाँ। याद तो पहले भी आती थी।

(आवाज़ में कँपकँपी-सी आ जाती है।)

रुचि : मगर अभी तो आपने कहा कि वो कमज़ोर मोमैंट था जिसके नतीज़े को रोकने के लिए आप भागे-भागे बताने आये कि कोई फ़ायदा नहीं।

आलोक : तुम सोचो तो दोनों में कंट्राडिक्शन नहीं है, विरोधाभास नहीं है। रुचि, फ्रैंकली बताऊँ कि मैं भागा-भागा क्यों आया हूँ! एकदम फ्रैंकली?

रुचि : आप जैसे भी बताना चाहो बताओ...। यह जजमेंट मुझ पर छोड़ दो कि आपने फ्रैंकली बताया कि नहीं।

आलोक : रुचि हद है...। हद है! मगर फिर भी बताता हूँ, फिर भी बताता हूँ...

रुचि : आप ज़रा बैठ जाओ आलोक जी! मैं चाय लाती हूँ। फिर इत्मीनान से बताना। मैं इसे भी *(वह हाथ में पकड़े मटरों की तरफ़ इशारा करती है)* ज़रा चढ़ा आऊँ। बस एक मिनट लगेगा। आप उतनी देर चाय

पीजिएगा। *(आलोक बैठ जाता है। तभी बाहर दरवाज़ा खटपट करता है।)*

अरे यह क्या, दरवाज़ा तो खुला है!

(वह फुर्ती से दरवाज़ा बन्द करने जाती है और फुर्ती से रसोई की तरफ़ बढ़ती है।) मैं बस एक मिनट में चाय लायी।

(आलोक उसे सराहना से, पहले दरवाज़ा बन्द करने जाते और फिर रसोई में जाते देखता है। अकेला रहने पर पहले उठकर खिड़की तक ज़ाता है, मगर फिर वापस आ जाता है और अख़बार देखने लगता है। फिर अख़बार तुरन्त नीचे रख देता है और किचन की तरफ़ देखता हुआ रुचि का तीव्रता से इन्तज़ार करने लगता है। तभी रुचि चाय का एक प्याला लेकर आती है—ट्रे में। साथ में प्लेट में बिस्कुट वगैरह भी हैं।)

रुचि : लीजिए, चाय पीजिए, सब्जी बाद में चढ़ा लूँगी। पाँच मिनट में तो हो जाएगी।

आलोक : तुम नहीं पिओगी?...चाय!

रुचि : मैं ज़्यादा चाय पी नहीं सकती, आपको मालूम है। अब बोलिए! *(वह बैठ जाती है अपनी पुरानी जगह पर और आलोक को तीखी नज़रों से देखती है। वह उसकी नज़र की ताब नहीं ला पाता।)*

आलोक : *(चाय का प्याला उठाता है मगर बिना पिये ही रख देता है)* तुम्हें देख कर मुझे हमेशा इनफीरियार्टी का एहसास होता है।

रुचि : चापलूसी नहीं, आलोक जी! बात बोलिए!

आलोक : मैं असल में दूसरी तरह से बताना चाहता था। मगर अब सीधे ही बताता हूँ। तुमने ऐसा पछाड़ा—ऐसा पछाड़ा—और फ्रैंकली पूछो तो मुझे अच्छा लग रहा है, कहीं...मैंने देखा कि मुझे वही औरत दरअसल अच्छी लगती है जो मुझसे उम्र में और अक्ल में थोड़ी बड़ी हो, और सुन्दर तो हो ही। तुममें तीनों बातें हैं।

रुचि : यह फिजूल की तारीफ़बाज़ी मुझ पर काम नहीं करती। आपको मालूम है। बार-बार कोशिश मत करें।

आलोक : तो, सुनो असली बात...।

कालिदास को फ़ोन करने के बाद मैं अपनी बालकनी में आया और उसके बायें कोने में खड़ा हो गया। मैंने सिगरेट सुलगा ली और सोचने लगा या अपने से बातें करने लगा, जैसा कि मैं तब ख़ास तौर से करता हूँ जब मुझे कुछ ख़ास तय करना होता है या तय किये हुए

पर पूरी तरह से आश्वस्त होना होता है। घर में प्वाइंट बालकनी का यह कोना है, दफ़्तर में भी है—

जब मैं वहाँ खड़ा-खड़ा सोच रहा था तो मैंने देखा कि नीचे सड़क पर कालिदास गाड़ी में जा रहा है। मैंने उसे एकदम नहीं पहचाना। कुछ अपने में व्यस्त होने के कारण, कुछ इसलिए कि कालिदास मुझे बदला हुआ लगा—मानो कोई और आदमी था जो कालिदास जैसा लग रहा था। शाम की धूप उस पर पड़ रही थी जब मैंने उसे पहचाना तो मेरे मुँह से निकला, 'अरे, यह कितना बूढ़ा हो गया है! बाल पहले से ज़्यादा सफ़ेद लग रहे थे।' धूप में बढ़ी हुई दाढ़ी के सफ़ेद बाल भी चमक रहे थे, मगर चेहरे की मुद्रा में ज़्यादा चिन्ता थी, ज़्यादा पिटा हुआ पन, सुरक्षा शायद दया की भी, माँगता हुआ-पन, एक ऐसी सुरक्षा जो नहीं मिलती। मतलब कि एक, तेज़ी से बूढ़े होते हुए आदमी का चेहरा था। यह चीज़ उन चीज़ों में से थी—इट वाज़ वन ऑव दोज़ थिंग्ज़! जो कौंध से वार करने आती हैं।

रुचि : दो दिन से दाढ़ी नहीं बनायी, छुट्टी में नहीं बनाता।

आलोक : मुझे उसकी इस आदत का पता है।

रुचि : और ऐसा बूढ़ा नहीं है वो—

आलोक : मुझे लगा। मुझे लगा, रुचि। मुझे तब वह बूढ़ा लगा।

रुचि : *(एकाएक ज़ोर से हँसती है और उठ खड़ी होती है)* और तुमने...और तुमने आलोक *(तुम पर ज़ोर देती है),* सोचा कि...*(फिर हँसती है)* कि इस बूढ़े आदमी की जवान-सी लगने वाली पत्नी से जाकर इश्क़ लड़ाते हैं *(फिर हँसती है)*।

आलोक, तुम गधे हो! तुम एकदम गधे हो। कुदरती गधे हो। गधे हो। कालिदास ठीक कहता है कि अँग्रेज़ी में लिखने वालों को यहाँ की कोई समझ नहीं होती।

(वह हँसती है।)

आलोक : मेरा यह मतलब नहीं था। रुचि प्लीज़! मेरी बात तो सुनो!

रुचि : तुम एकदम—*(वह हँसती-हँसती सोफ़े के पीछे जाकर खड़ी हो जाती है, सोफ़े की पीठ पर हाथ रखकर मानो ऊँचाई पर से बात करने के लिए)*

आलोक : *(ऊँची आवाज़ में)* मेरी बात तो सुनो—*(वह ध्यान देती नज़र नहीं आती तो और ऊँची आवाज़ में)* अगर तुम मेरी बात नहीं सुनोगी तो

मैं चला जाऊँगा। *(वह एकाएक उठ खड़ा होता है और बाहर जाने के लिए मुड़ता है।)*

रुचि : *(हँसना बन्द कर देती है)* अच्छा, बोलो! बोलो!

आलोक : सीरियसली सुनो। गम्भीरता से सुनो!

(रुचि गम्भीर हो जाती है।)

आलोक : जब मैंने झटके से देखा कि कालिदास कितना बूढ़ा हो गया है—

रुचि : तुम स्वयं भी तो कोई जवान नहीं हो!

आलोक : यह बात एक औरत ही कह सकती है। 'तू चोर नहीं तू चोर' की तर्ज़ में। मेरा मतलब अपने से तुलना करना नहीं था। और मैं अभी काफ़ी छोटा हूँ—उससे। मगर रोको नहीं, प्लीज़।

जब मैंने देखा कि कालिदास बूढ़ा हो गया है तो, मेरे दिमाग़ में एकदम तुम्हारा ख्याल आया *(रुचि कुछ बोलना चाहती है, मगर वह उसे हाथ उठाकर चुप रहने के लिए बाध्य करता है)* तुम्हारा ख्याल आया बल्कि कहूँ कि तुम्हारी तरफ़ से ख्याल आया। तुम्हारा भी और तुम्हारी तरफ़ से भी। यह नहीं आया कि तुमसे जाकर इश्क़ लड़ाऊँ—और दूसरा सबूत यह भी है कि तुम्हारी तरफ़ से मैंने महसूस किया कि उस वक़्त जैसा कि तुम करती होगी—या जैसा कि मुझे लगा कि तुम महसूस करती होगी, कालिदास की पत्नी होने पर, उस वक़्त कि कैसे तुम्हारी ज़िन्दगी—कि कैसे—मेरा मतलब है कि उस वक़्त मुझे तुमसे बेहद-बेहद हमदर्दी हुई, ऐसी हमदर्दी, मानो हमदर्दी की बात मुद्दत के बाद मेरे मन में किसी के लिए आयी, मैंने तुम्हें घर में अकेले और उदास बैठे हुए देखा। यहाँ, इस सोफ़े की इसी जगह जहाँ तुम अक्सर बैठती हो और जहाँ कुछ देर पहले भी बैठी हुई थी। और जहाँ एक प्रकार से अब भी बैठी हो—

रुचि : *(उसकी बातों का असर उस पर होता है)* इन दिनों तो यही लगने लगा है कि मैं तो शायद यहीं मरूँगी भी। इसी जगह, इसी सोफ़े की सीट पर। इसी घुरनीनुमा घर में।

आलोक : *(उसकी प्रतिक्रिया से उत्साहित होता है और उसके बोलने में पहले से ज्यादा तीव्रता और ऊष्मा आ जाती है।)* तब मुझे लगा, रुचि। उसी तीव्र हमदर्दी के साथ ही मुझे लगा, मेरे मन में ख्याल आया कि हम शायद फिर कोशिश कर सकते हैं, एक बार फिर ट्राई कर सकते हैं। जवानी के शुरू में जो नहीं चला वह शायद अब चल निकले, शायद क्यों ज़रूर चल निकलेगा। हम दोनों के बीच एक पसन्दगी तो है ही।

तुम्हारी तरफ से भले ही कम हो—तुम समझती हो कि कम है मगर ऐसी कम नहीं है, तुम्हें मुग़ालता है कि कम है—मेरी तरफ़ से तो तुम्हें पता ही है शायद प्रेम ही है—शायद क्यों...

रुचि : *(उसकी तरफ़ देखती है और क्षण भर देखती रहती है। आलोक थोड़ा और उत्साहित होता अपनी बाँहें ज़रा उठाता है, रुचि को गले मिलने का संकेत देता हुआ और उसकी तरफ अथाह इच्छा, थोड़े प्रेम और घबराहट से देखता हुआ। तभी रुचि सँभलती है।)* नहीं! नहीं! नहीं!

(वह थोड़ा पीछे को हटती है और अपने को पूरा सँभालती हुई थोड़ी सख़्ती से) नहीं!—मगर एक बात माननी पड़ेगी कि तुम क्या ताना-बाना बुनते हो। एकबारगी तो मैं चक्कर में आ गयी। नहीं! नहीं! नहीं! *(थोड़ा रुककर)* तुम फ़्लर्ट लोग या रोमांटिक लोग या राजनेता लोग सच्चाई का इस्तेमाल करते हो और अपने फ़ायदे के लिए। उसकी इज़्ज़त नहीं करते। उसके अनुसार नहीं चलते। नहीं! नहीं! नहीं!

आलोक : *(पूरी गम्भीरता से)* तुम रुचि नहीं इसलिए कह रही हो, क्योंकि तुम वास्तव में बहन जी क़िस्म की औरत हो, आज़ाद और अपने मन की करनेवाली नहीं, जैसा कि तुम अपने को समझती हो, प्रोजेक्ट करती हो। तुम कालिदास से प्रेम नहीं करती, यह तो कोई अन्धा भी देख सकता है।

रुचि : *(व्यंग्य से)* और अब कालिदास बूढ़ा भी हो रहा है। इसलिए मुझे आलोक महाजन से अफ़ेयर शुरू कर लेना चाहिए! हिसाब का सीधा सवाल है। *(हँसती है)* दो और दो चार।

(फिर हँसती है।)

आलोक : मुझ पर हँसना तुम्हारे लिए आसान है, क्योंकि मैं तुम्हारे कब्ज़े में हूँ—मगर...

रुचि : *(हँसना बन्द करके)* देखो आलोक! मैं तुम्हें दो बातें बताती हूँ ताकि तुम आइन्दा ऐसी हरक़त न करो।

यह सही है शायद कि मैं कालिदास से प्यार नहीं करती। मगर मैं बहन जी प्रकार की औरत न कभी थी, न हूँ और न कभी होऊँगी। मैं आज भी एक ऐसे आदमी का इन्तज़ार कर रही हूँ जिससे मैं वास्तव में, असल में, प्यार कर सकूँ जैसे राधा ने या गोपियों ने कृष्ण से किया था कि वे अपनी मान-मर्यादा, दीन-दुनिया भूल गयी थीं। मगर मेरी

बुद्धि कहती है कि ऐसे आदमी का मेरे लिए और तमाम औरतों के लिए और ऐसी औरत का आदमियों के लिए एक स्थायी मानो चिरन्तन इन्तज़ार होता है। एक स्थायी भाव होता है, हर किसी की ज़िन्दगी का यह स्थायी भाव होता है—यही इन्तज़ार—हम सब यही करते हैं और उम्र-भर करते रहते हैं—अन्दर से, दिल से। इसलिए ईश्वर इतना पनपता है हर जगह, क्योंकि ऐसी औरत या आदमी की कल्पना ही की जा सकती है, ऐसा कहीं होता नहीं है।

दूसरा, मेरा और कालिदास का सम्बन्ध—तुम्हारे और रक्षा के सम्बन्ध से भिन्न एक ऐसा सम्बन्ध है जो इस बात पर बना हुआ है कि हमने जो कुछ भी किया है एक साथ किया है, भले ही कई बार एक-दूसरे की मर्ज़ी के ख़िलाफ़, मगर जो कुछ भी किया है साथ-साथ किया है। ज़िन्दगी को एक साथ निबटा है और निबट रहे हैं जैसे भी निबट रहे हैं। इसलिए हममें एक प्रकार का एका है, एक वफ़ादारी है। वो सस्ती भावुक—सैंटीमेंटल—वफ़ादारी नहीं, जिससे किशोरों का जीवन और बम्बइया फ़िल्में भरी रहती हैं। यह जो एका है, वह कृष्ण जैसे आदमी के आने पर तो जा सकता है या टूट सकता है और तुम मेरे लिए न ऐसे थे, न हो और न कभी हो पाओगे...समझे! अलबत्ता मेरा ख्याल है ऐसा कोई नहीं होता।

आलोक : *(कमज़ोर हो)* हम कोशिश तो कर सकते हैं।

रुचि : नाऊ शट अप! मैंने ज़रूरत से ज़्यादा बोल दिया है। अब चुप रहो। और आइन्दा इसके बारे में कभी बात मत करना।

(वह अपनी जगह पर आकर बैठ जाती है।)

आलोक : *(क्षण भर रुचि को देखता है फिर निराश हो जाता है)* मेरा ख्याल है तुम ठीक कहती हो, रुचि। मैं तुम्हें अपना नहीं बना सकता। मैं किसी को अपना नहीं बना सकता। नहीं बना पाया। जब-जब कोशिश की तब-तब फेल हुआ। दूसरी औरतें या मेरी पत्नी तो मेरी नहीं ही बनी। मेरे बच्चे भी मेरे नहीं हुए, वे भी उसी के हैं, उसी की तरफ़ हैं। तुम ठीक कहती हो, मैं शायद गधा हूँ। शायद क्यों, गधा ही हूँ। कुदरती गधा, जैनिटिक गधा! गधा! गधा! गधा!

(वह माथा पीटता है और रोने लगता है। रोता-रोता डाइनिंग टेबल पर जाकर बैठ जाता है। अपना मुँह अपने हाथों में छिपा लेता है और फफक-फफककर रोने लगता है।)

(रुचि इस बीच खड़ी हो जाती है और चिन्ता से उसे देखती

है। फिर वह उसके पास जाती है। उसका हाथ उसे ढाढ़स बँधाने के लिए, उसे सहलाने के लिए उठता है और लगभग आलोक के कन्धे तक पहुँच जाता है। मगर तभी वह उसे एकदम ऐसे पीछे हटा लेती है जैसे बिजली का करंट लगने का डर हो।

वह मुँह से कुछ बोलती नहीं मगर उसके होठों और चेहरे और उसके हाव-भावों से साफ़ है कि वह अपने से कह रही है, 'नहीं! नहीं! मैं क्या करने जा रही थी। मैं क्या करने जा रही थी!' वह अपने को रोक लेती है और बाल-बाल बचने के भाव को लिये हुए ज़रा परे हट जाती है और फिर अन्दर जाकर किचन से एक गिलास पानी लाती है और आलोक के पास रख देती है मगर स्वयं ज़रा दूर ही रहती है।)

रुचि : लो पानी पिओ! लो पानी पिओ। रक्षा आएगी तो सब ठीक हो जाएगा।

(कुछ क्षण बाद आलोक अपना आँसुओं से भीगा हुआ मुँह उठाकर उसकी तरफ़ देखता है। फिर गिलास उठाता है और पानी पीने लगता है।)

(रुचि अन्दर किचन में चली जाती है।)

(अँधेरा होता है।)

दृश्य-तीन

[वही ड्राइंग रूम। साढ़े पाँच बज रहे हैं। आलोक सोफ़े पर थोड़ा पिटा-सा बैठा अख़बार देख रहा है। उसके आगे चाय का एक खाली प्याला पड़ा है। एक प्लेट में दो-चार बिस्कुट हैं और एक दूसरी प्लेट में थोड़ा नमकीन।

रुचि अन्दर किचन से एप्रन से हाथ साफ़ करती हुई आती है और डाइनिंग टेबल पर पड़ी घड़ी देखकर वहीं खड़ी हो जाती है। वह आलोक से ज़रा परे ही रहना चाहती है।]

रुचि : मेरी दाल-सब्ज़ी तो समझो हो गयी। बाकी कालिदास के आने पर होगा, चिकन और चावल वगैरह। मगर पता नहीं कहाँ रह गया। साढ़े पाँच होने को हैं।

(वह बेसब्री से खिड़की पर जाती है और बाहर झाँकती है। मगर बाहर कुछ देख न पाकर थोड़ी उचककर और आगे हो जाती है और बायीं तरफ़ देखने की कोशिश करती है। मगर फिर वापस आकर आलोक से —)

पता नहीं कैसे बनाये हैं ये कबूतरखाने फ़्लैट। इस खिड़की से बगल वालों की दीवार ही दिखाई देती है। सड़क ज़रा-सी झिरी-सी! और आकाश टुकड़ा-सा।

पता नहीं कहाँ रह गया कालिदास। छः बजे रक्षा आ जाएगी। अनुराग और राहुल भी आनेवाले होंगे। देर लगनी थी तो फ़ोन कर देता। ऐसा पहले तो कभी नहीं हुआ। *(फिर खिड़की पर जाकर अपने को काफ़ी बाहर निकालकर देखती है और फिर वापस डाइनिंग टेबल पर आ जाती है और खड़ी रहती है।)*

यह साले मकान भी कैसे हैं। लगता है किसी घूरे में रहते हैं।.... आप चाय और लेंगे आलोक जी?

आलोक : अगर आप लेंगी तो ले लूँगा।

रुचि : मैं नहीं लूँगी। आपके लिए बना देती हूँ।

आलोक : नहीं। नहीं। ऐसी कोई इच्छा नहीं है।

रुचि : *(बैठ जाती है। मगर बेचैनी की वजह से बैठी नहीं रह पाती। उठती है।)* चलो पी ही लेती हूँ, मैं भी। पता नहीं कोई एक्सीडेंट न मार लिया हो। इतनी बेचैनी मुझे आज तक कभी नहीं हुई।

आलोक : बूढ़े आदमी आमतौर पर एक्सीडेंट नहीं मारते।

(रुचि इसमें व्यंग्य समझती है, हालाँकि आलोक ने यह बात तथ्यगत ढंग से कही और उसकी तरफ़ तेज़ी से और ज़रा सख़्ती से देखती है।)

सॉरी! मेरा मतलब वो नहीं था—

(तभी बाहर की घंटी ज़ोरों से बजती है। रुचि उधर को लपकती है 'आ गया' कहती हुई। झट से दरवाज़ा खोलती है। मगर साथ ही यह भी कहती है 'मगर उसके पास तो अपनी चाबी है।' तभी उनका बेटा अनुराग, उसकी पत्नी नीलिमा और उसका बेटा राहुल — जो नीलिमा की गोदी में है— अन्दर आते हैं। अनुराग के हाथ में एक बेंत

की टोकरी है, जिसमें राहुल के कपड़े, दूध की बोतल और दूसरी चीज़ें हैं। दूध की बोतल सबसे ऊपर कोने में खुसी हुई दिखाई दे रही है। वे स्टेज़ के थोड़ा बीच में आकर खड़े हो जाते हैं। अनुराग लम्बा-पतला 29 साल का लड़का है। उसके चेहरे पर आत्मविश्वास झलकता है। नीलिमा 26 के करीब है। वह भी लम्बी है। मगर थोड़ी भारी भी है। दोनों सुन्दर लगते हैं। अनुराग रुचि को 'नमस्ते मम्मी' कहता है, नीलिमा उसके पाँवों को छूने के लिए एक हाथ थोड़ा नीचे करती है, क्योंकि उसके दूसरे हाथ में राहुल है। दोनों आलोक का भी अभिवादन करते हैं, 'हैलो अंकल' कहकर। आलोक इस बीच खड़ा हो चुका होता है। और सिगरेट सुलगाने के दरम्यान बुदबुदाता है 'हैलो अनुराग', 'हैलो नीलिमा।' और फिर थोड़ा बढ़कर 'हैलो राहुल।')

रुचि : *(खुश होकर) नमस्ते बेटा। (नीलिमा से)* जीती रहो। पाँओं-वाँओं मत छुआ कर...कितनी बार कहा।

नीलिमा : मम्मी, आदत पड़ी हुई है बचपन से।

रुचि : *(उसकी बात न सुनकर तुरन्त राहुल की तरफ़ देखती है। अलबत्ता उनके अन्दर आने के कुछ ही क्षण बाद से वह उसे ही ज़्यादा देख रही होती है।)* क्यों भई राहुल कुमार, दादा-दादी को इतना क्यों तड़पाता है? (उसके सिर पर हाथ फेरती है और गाल को भी सहलाती है। फिर उसे लेना चाहती है। मगर राहुल उसे न पहचानता हुआ सशंक नज़रों से देखकर मुँह मोड़कर माँ की गर्दन में घुसा देता है। रुचि के उसके सिर और गाल को छूने पर भी वह थोड़ा पीछे को हुआ था।)

रुचि : *(उसे लेने के लिए हाथ उठाए-उठाए)* ओए बदमाश! दादी माँ को नहीं जानता? मैं दादी माँ हूँ। दादी माँ के पास नहीं आएगा?

नोट—*(राहुल की जगह डम्मी बच्चे का इस्तेमाल किया जाएगा और नीलिमा उसे 'मैनुप्लेट' करेगी। राहुल की पीठ ज़्यादातर दर्शकों की तरफ रहेगी।)*

(नीलिमा घबराई हुई सास के पीछे-पीछे आती है और रोते हुए राहुल को लेना तो चाहती है, मगर नहीं लेती। वह चाहती है कि वह सास के पास ही रहे। अनुराग इस बीच टोकरी को डाइनिंग टेबल पर रखकर माँ के पास आ जाता है। आलोक खड़ा-खड़ा सिगरेट पीता हुआ सब देखता है।)

रुचि : *(राहुल को पुचकारती है और फिर उसको एकाएक ज़ोर से घुमाती है ताकि वह चुप हो जाए। मगर वह चुप नहीं होता।)* अरे रोने की क्या बात है। दादी माँ हूँ तेरी। दादी माँ। तेरे पापा की माँ।

(उसे उछालने की कोशिश करती है मगर राहुल ज़ोर-ज़ोर से रोने लगता है। रुचि हताश होकर अनुराग को देखती है। और उसे राहुल को देना चाहती है मगर तभी उन दोनों के बीच नीलिमा आ जाती है तो उसे नीलिमा को दे देती है।)

अनुराग : *(राहुल को जो माँ के पास आकर एकदम चुप हो जाता है और उसके कन्धे में सिर छिपा लेता है)* ना बेटा, ना। दादी माँ हैं। दादी माँ!

(रुचि उसको लेने के लिए फिर हाथ बढ़ाती है। वह उसे लेने के लिए बुरी तरह से उतावली है। मगर राहुल माँ के कन्धे से चिपका रहता है।)

अनुराग : *(माँ का परेशान चेहरा देखकर)* मम्मी, आप दरवाज़े की तरफ हो जाओ, फिर आ जाएगा। हर वक़्त बाहर जाना चाहता है। जो कोई बाहर ले जाए उसके पास चला जाता है।

रुचि : *(दरवाज़े की तरफ़ हो जाती है)* आ बेटा, आ!

(राहुल नहीं जाता।)

अनुराग : जा बेटा, दादी माँ बाहर ले जाएँगी। जा! जा!

नीलिमा : अनुराग, ज़रा दरवाज़ा खोल दो। उसे पता नहीं चल रहा कि बाहर कहाँ है। कोई खास रोशनी वगैरह तो आ नहीं रही।

(अनुराग झट से दरवाज़ा खोल देता है। थोड़ी रोशनी उधर से आती है मगर ज़्यादा नहीं। रुचि दरवाजे की तरफ थोड़ा और हो जाती है। नीलिमा भी उधर को खिसक जाती है। रुचि फिर राहुल को लेने की कोशिश करती है कि वह सास के पास चला जाए)

नीलिमा : जा बेटा, जा।

अनुराग : हाँ, जा बेटा, जा।

(मगर राहुल दादी के पास नहीं जाता।)

रुचि : चाकलेट लेगा, चाकलेट। वो तो मैं भूल ही गयी थी।

(वह लपककर किचन में जाती है और चाकलेट लेकर आती है और उसे जल्दी से खोलती है और फिर वहीं आकर जहाँ पहले थी, राहुल की तरफ चाकलेट करती है। मगर राहुल चाकलेट नहीं लेता। और न ही रुचि के पास जाता है। वह तो

नीलिमा के कन्धे से चिपका रहता है, दादी को न देखता हुआ। रुचि एकाएक बहुत परेशान हो जाती है और उसे बावजूद अपने आपको सँभालने की कोशिश के रोना आ जाता है।)

नीलिमा : मम्मी, अभी थोड़ी ही देर में आ जाएगा। *(वह सास के रोने पर घबरा-सी जाती है और अनुराग की तरफ मानो मदद के लिए देखती है।)* पिछली बार भी ऐसा ही हुआ था, बाद में हिल-मिल गया था। मम्मी, आप बुरा मत मानिए प्लीज़।

रुचि : *(रोती हुई)* बुरा कहाँ मान रही हूँ बेटा। मैं तो देख रही हूँ कि ज़िन्दगी क्या हो गयी है। अपना ही पोता—

(रुलाई को रोकने की कोशिश में चुप हो जाती है।)

अनुराग : *(माँ को डाँटता-सा)* मम्मी, आप खामख्वाह परेशान हो रही हैं। अभी थोड़ी ही देर में ऐसा हिलमिल जाएगा कि हमारे पास भी आसानी से नहीं आएगा। अब हम लोग रोज़-रोज़ तो आ नहीं सकते।

रुचि : मैं कहाँ कहती हूँ कि रोज़-रोज़ आओ। मुझे पता है ज़िन्दगी ही ऐसी हो गयी है।

अनुराग : फिर आप रो क्यों रही हैं?

रुचि : रो भी नहीं सकती क्या?

अनुराग : मेरा मतलब...

नीलिमा : मम्मी, अब पहले से ज़्यादा आया करेंगे।

रुचि : *(आँखें पोंछती हुई)* देखेंगे।

नीलिमा : *(घबराकर और अनुराग की तरफ देखकर)* यों भी अभी सोया हुआ था गाड़ी में। सीढ़ियों में ही उठा। ऐसे वक़्त में उठता है तो मुझसे ही चिपकता है। अनुराग के पास भी नहीं जाता। मैं इसे सुला देती हूँ—लगता है सो ही गया है, फिर शायद...।

(वह राहुल को अन्दर ले जाती है। रुचि उसे जाते हुए देखती है और अपने आँसू अच्छी तरह से पोंछती है।)

रुचि : *(अनुराग से)* बेटा, तेरे पापा अभी तक नहीं आये।

अनुराग : मतलब?

रुचि : तेरी रक्षा आंटी को बुलाने गये थे। आलोक अंकल इन्तज़ार कर रहे हैं। दोनों के बीच सुलह...आलोक अंकल बात करने के लिए तैयार हैं।

अनुराग : *(आलोक की तरफ देखकर अपना अँगूठा ऊपर उठाता है। आलोक थोड़ा झेंपता हुआ जवाब में अपना अँगूठा भी उठा देता है।)* कब गये थे?

रुचि : काफी देर हो गयी। चार—सवा चार बजे गये होंगे—कोई एक्सीडेंट...

अनुराग : मम्मी आप खामख्वाह परेशान हो रही हैं। पापा गाड़ी इतने ध्यान से चलाते हैं। गाड़ी बिगड़ गयी होगी।

आलोक : मैंने तो कहा मगर मानती नहीं।

रुचि : मैं सोच रही थी बेटा, कि अगर तुम लोग जाती बार थोड़ा गाड़ी उधर से घुमा लो और उन्हें देखते जाओ—रक्षा के यहाँ।

अनुराग : *(घड़ी देखता है)* मम्मी, आप ऐसे ही घबरा रही हैं। मुझे तो लगता है, लगता क्या है, यही हुआ होगा, क्योंकि मैं पापा को भी जानता हूँ और रक्षा आंटी को भी, कि रक्षा आंटी ने कहा होगा कि रुक जाइए, मैं भी आपके साथ ही चलती हूँ। वहाँ से बस और स्कूटर बहुत मुश्किल से मिलता है और फ़ोन उनके यहाँ है नहीं। हाँ, बिल्कुल यही हुआ होगा। मैं शर्त लगा सकता हूँ।

रुचि : *(थोड़ा आश्वस्त होकर)* हो सकता है, क्योंकि पहले चिकन वग़ैरह ख़रीदना था...मगर फिर भी बेटा, इतनी देर...। और उन्हें मालूम है कि तुम लोग भी आ रहे हो। नेहा से ही फ़ोन करवा देते। कोई और बात न हो गयी हो।

अनुराग : मम्मी, आप तो घबराने वालों में से नहीं हैं। थोड़ी देर और देख लो—हम अभी पाँच-दस मिनट हैं, उधर से जाने से हमें बड़ी देर हो जाएगी—बिल्कुल उल्टा रास्ता है...और मेरे हिसाब से बेमतलब भी होगा।

रुचि : चलो, जैसा तुम कहो। *(मगर वह इस पर खुश नहीं है)*

(इसी बीच नीलिमा आकर उनके पास खड़ी हो जाती है।)

नीलिमा : सो गया। बस लेटते ही सो गया। सोना होता है तो किसी के पास नहीं जाता, चिड़चिड़ करता है—सिर्फ मेरे पास...

(रुचि बहू की तरफ देखती है मगर कुछ कहती नहीं। उसकी नज़र में थोड़ा गुस्सा भी है और परेशानी का भाव भी। नीलिमा थोड़ा घबरा जाती है।)

नीलिमा : *(थोड़ी घबराहट के साथ)* मम्मी, अब दो-ढाई घंटे सोएगा कम-से-कम। और पाँच बजे फ़ीड दी थी—चलने से पहले। अब आठ बजे देनी है। न उठे तो सोए-सोए को दे दीजिएगा और अगर उठने पर भी न ले तो मक्खन स्लाइस ले लेगा, अन्दर का नर्म वाला हिस्सा।

अनुराग : *(अपनी घड़ी देखकर)* मेरा ख्याल है हम चलते हैं वरना हमें देर हो जाएगी। ट्रैफिक कितना हो गया है। मम्मी, आप घबराओ नहीं, पापा

आते ही होंगे।

नीलिमा : क्या हुआ? क्या हुआ?

अनुराग : पापा रक्षा आंटी को बुलाने गये हैं। अभी आये नहीं। *(धीरे से)* इनकी सुलह हो रही है।

नीलिमा : *(अनुराग से)* वो लोग आ रहे हैं तो हम रुक जाते हैं। पिक्चर नहीं देखते। अकेली मम्मी सारा कुछ कैसे करेंगी। साथ में राहुल भी होगा। उठेगा तो तंग करेगा। या फिर *(यहाँ हौले से)* राहुल को अपनी मम्मी के पास छोड़ देते हैं और रास्ते में पापा को भी देखते चलते हैं, पिक्चर तो ट्रेलरों के बाद ही शुरू होगी। *(फिर घबराकर कि वह ग़लत बात कह गयी है)* नहीं-नहीं, मेरा मतलब है अगर मम्मी कहें तो...

रुचि : *(गुस्से से)* कोई तंग-वंग नहीं करेगा, तुम लोग जाओ। हम सब सँभाल लेंगे। हमने बच्चे नहीं पाले क्या? और पापा तेरे, लगता है, रक्षा को साथ ही ले के आएँगे। तुम लोग जाओ। मज़े करो! देर हो रही है। और अगर राहुल को वहाँ छोड़ना चाहते हो तो वो भी कर सकते हो।

(वह नीलिमा को घूरती है। नीलिमा बुरी तरह कुचली-सी महसूस करती है।)

अनुराग : मम्मी, आप खामख्वाह नाराज़ हो रही हैं—नीलिमा ने तो दूसरे सेंस में कहा था।

रुचि : मैं कहाँ नाराज़ हो रही हूँ बेटा! तुम लोग जाओ।

(मगर अनुराग और नीलिमा असमंजस में पड़ जाते हैं।)

नीलिमा : *(अनुराग से)* मैं इस तरह से नहीं जा सकती।

रुचि : *(अपना असर देखकर थोड़ा ढीला पड़ती हुई)* नहीं नहीं, बेटा, मैं नाराज़ नहीं हूँ। *(तभी फ़ोन की घंटी बज उठती है। अनुराग फोन उठाता है।)*

अनुराग : हैलो! कौन? नेहा!

(कुछ देर चुपके से फ़ोन सुनकर वापस आता है।)

देखा! पापा वहीं हैं। चलने ही वाले हैं।

रुचि : मगर इतनी देर कहाँ थे?

अनुराग : यह नहीं बताया उसने। यही कहा कि आप चिन्ता कर रही होंगी, इसीलिए फ़ोन किया।

रुचि : *(गुस्से से)* ठीक है, आते हैं तो पूछती हूँ। तुम लोग जाओ।

(अनुराग और नीलिमा जाने लगते हैं तो बाहर की घंटी बज

उठती है और उसके साथ ही खुले दरवाज़े से राजेश कपूर और उसकी पत्नी कौशल्या अन्दर आते हैं। राजेश का कद औसत है और वह साठ के ऊपर है। कौशल्या लगभग साठ की है। दोनों भारी-भरकम हैं। मगर नाटी होने के कारण कौशल्या ज़्यादा भारी लगती है, ख़ासकर कूल्हों से। राजेश लगभग गंजा है। जो बाल हैं, वे ज़्यादातर सफ़ेद हैं। कौशल्या के बाल रुचि की तरह काले रंगे हुए हैं, मगर छोटे हैं। एक छोटी-सी चोटी उसके पीछे लटक रही है।)

अनुराग, नीलिमा : नमस्ते अंकल! नमस्ते आंटी।

राजेश : नमस्ते! नमस्ते!

कौशल्या : नमस्ते बेटा, नमस्ते। जीती रहो बेटी!

रुचि : आइए! आइए, राजेश जी। कौशल्या कैसी हो?

(मगर उसकी आवाज़ में उत्साह नहीं है।)

राजेश : *(आलोक को देखकर)* अरे, आलोक भी यहाँ है। हमारा छोकरा दोस्त!

आलोक : *(उनके आने पर खड़ा हो चुका होता है।)* हाँ, बाप-दोस्त! मैं भी यहाँ हूँ।

राजेश : *(सोफ़े पर धम्म से बैठता हुआ थोड़ी फूली साँस से। उसके साथ ही कौशल्या भी बैठ जाती है।)* भई इनके तो मेला लगा हुआ है, रौनकें लगी हुई हैं। मज़ा आ गया। हम भी आ गये। कहाँ है कालिदास? रुचि जी, कहाँ है वो साला घटिया नम्बर दो का नकली कालिदास? *(चारों तरफ देखता है)* हमने सोचा रुचि जी, आप ठीक हैं न? ठीक ही लग रही हैं...।

(रुचि हाँ में हाँ मिलाती है।)

हमने सोचा रुचि जी,...अरे आप लोग बैठो ना, बैठो आलोक। *(रुचि और आलोक उसके सामने बैठ जाते हैं, मगर अनुराग और नीलिमा एकदम रुक जाना ठीक न समझते हुए मौका मिलते ही जाने को तैयार वाले भाव से खड़े रहते हैं।)*

हमने सोचा रुचि जी, कि अपना पुराना हिन्दुस्तानी तरीक़ा या पुराना पड़ता हुआ अपना हिन्दुस्तानी तरीक़ा अख़्तियार करते हैं। बिना बताये, बिना फ़ोन किये, बिना समझो कि अख़बार में दिये आ जाते हैं बेसाख़्ता चुपके से। स्पानटेनियसली और देखो आ गये। *(थोड़ा हँसता है और साथ ही झेंपता भी है)* असल में आज हद हो गयी।

मैं कहता हूँ हद हो गयी। हद की भी हद हो गयी। ऐसा कभी नहीं हुआ। सुदर्शन को फ़ोन किया। उसके साले की तबीयत खराब... ब्लडप्रेशर हाई, साथ में उसकी बीवी का भी। बिस्तर पर पड़ा हुआ था। दीक्षित के यहाँ किया तो पता चला उसे लम्बर स्पौंडोलाइट्स है। पहले सरवाइकल था, अब यह भी हो गया। जिसको देखो, उसको आजकल यही बीमारियाँ हैं या फिर शूगर। मगर मुझे लगा साले दोनों के दोनों झूठ बोल रहे हैं। मुझे एवायड करना चाहते हैं, बोर समझते हैं। मगर फिर सोचा, साले खुद भी तो रिटायर्ड हैं और दीक्षित तो हमेशा कहता है, कहता नहीं, डींग मारता है कि कोई आए तो सही घर में, कोई घुसे तो सही! एक घंटे से पहले बात की रौ ख़त्म नहीं करता। ताकि अगला अगर जाना भी चाहे तो एक घंटा तो शर्मो-शर्मी रुका रहे। फिर सोचा सालों के साथ दफ़्तरी दोस्ती ही ज़्यादा थी। अपने गैर-दफ़्तरी असली दोस्त कालिदास के यहाँ चलते हैं। यह भी सोचा रुचि जी, सच बता रहा हूँ, कि अगर चलने से पहले फ़ोन किया तो उसे भी कोई बीमारी निकल आएगी। *(ज़ोर से हँसता है)* कहाँ है वो?

रुचि : *(बिना उत्साह से)* ज़रा बाहर गये हैं। आते ही होंगे। और आप ठीक हैं? बच्चे ठीक हैं? बेटा-बेटी की कोई खबर? मेरा मतलब बात हुई फ़ोन पर या चिट्ठी-पतरी?

राजेश : *(व्यंग्य से और शिकायत के लहजे में भी)* बच्चे ठीक हैं, रुचि जी, अमरीका में। हम ठीक हैं, यहाँ। फ़ोन इधर आया भी था और आता भी रहता है और आता भी रहेगा। आपका लड़का तो यहीं रहेगा न? क्यों भई अनुराग तुम तो बहन के पास नहीं जा रहे अमरीका? बहुत दिनों के बाद मिले हो इसलिए पूछ रहे हैं!

अनुराग : नहीं अंकल। अभी तो यहीं हैं।

राजेश : *(उसे और नीलिमा को हसरत से देखते हुए)* गुड! गुड! मगर आप लोग बैठो न! खड़े क्यों हो? यहाँ आओ हमारे पास। मैं समझता हूँ जिनके बचे हैं अमरीका जाने से, उनको बच्चों की साँझ कर लेनी चाहिए थोड़ी-बहुत।...आओ न बेटा!

अनुराग : *(अपनी जगह पर खड़ा रहता है)* हमें अंकल, असल में ज़रूरी जाना है। हम निकल ही रहे थे कि आप आ गये। हम चलते हैं। अच्छा अंकल! अच्छा आंटी! अच्छा आलोक अंकल। *(उसे फिर अपना अँगूठा उठाकर दिखाता है। आलोक केवल मुस्करा देता है, अनिश्चित-*

सा) अच्छा मम्मी! *(नीलिमा भी उसके पीछे-पीछे मुस्कराकर सबको सिर हिलाती जाती है। वे दरवाज़े की तरफ बढ़ते हैं।)*

रुचि : *(पीछे से)* चिन्ता मत करना राहुल की।

(वे बाहर जाते हैं। रुचि मुड़कर राजेश-कौशल्या को देखती है और फिर कौशल्या के पास जाती है और उसके कान में कुछ फुसफुसाती है और फिर हट जाती है। कौशल्या को एकाएक गुस्सा-सा आ जाता है, वह रुचि को देखती है मगर फिर पति के कान में कुछ कहती है।)

राजेश : *(निराश होकर पहले आलोक की तरफ़ देखता है और फिर मानो हवा में, पर अपने से)* तो यहाँ भी बात नहीं बनी। कोई बात नहीं। *(उठने की कोशिश करता है।)*

रुचि : *(थोड़ी असुविधा से)* मेरा मतलब...मेरा मतलब...चाय पी के जाइए, मैं झट से बना लाती हूँ।

कौशल्या : नहीं! नहीं! वो लोग कभी भी आ सकते हैं। *(आलोक को देखती है। आलोक संकोच महसूस करता है।)*

रुचि : नहीं-नहीं! चाय पीके जाइए। ऐसी जल्दी नहीं है कौशल्या।

कौशल्या : *(बुरा माने हुए लहज़े में और खड़ी होकर)* नहीं, नहीं, हम चलते हैं। उठो जी! उठो...

राजेश : पिएँगे! पिएँगे! चाय तो पी ही लेते हैं।

(रुचि चाय के लिए अन्दर दौड़ती-सी जाती है।)

कौशल्या : *(पति से नाराज होकर)* आप समझते क्यों नहीं? अपनी हाँकते जा रहे हैं? चाय में क्या है? घर जा के पी लेंगे। पीके ही तो आये हैं!

राजेश : *(ढिठाई से वह ठहरना चाहता है)* भई, वो खुद ही तो कह रही हैं कि चाय पी के जाइए! और ज़ोर दे रही हैं। बनाने भी चली गयी हैं। वो लोग आएँगे तो कौन-सा पहाड़ टूट पड़ेगा? दो मिनट रुक जाएँगे। बस चाय पीते हैं और फूटते हैं।

आलोक : *(हल्का-सा मुस्कराता है, संकोच को दूर करने के लिए। फिर उठकर डाइनिंग टेबल के पास खड़ा हो जाता है और सिगरेट सुलगाता है।)*

कौशल्या : *(ज़िद करती है)* चलो जी, चलो। चाय नहीं पिएँगे। क्या बदतमीज़ी है। चाय पिलाने के बाद कहना चाहिए था। आते ही डंक मारा : चले जाओ यहाँ से। चलो, घर चलो। उठो!

राजेश : *(एकाएक गुस्से में)* भई एक-दो मिनट में क्या मुसीबत आ जाएगी। और तुम ख़ामख़्वाह बुरा मान रही हो। ख़ामख्वाह। उसने रिक्वेस्ट

की है, बेचारी ने रिक्वेस्ट की है।

कौशल्या : आपको उसकी हर बात हमेशा रिक्वेस्ट ही लगती है। जो भी हो, आप बस चलो। उठो उठो, घर चलो।

(यहाँ थोड़ा सोचकर)

और फिर बात तो उसकी ठीक है। वो लोग एक खास मूड में आएँगे, दो सालों से जुदा हैं। सीधे एक-दूसरे से मिलेंगे या मिल सकते हैं—हमें कबाब में हड्डी...हमें चलना चाहिए—हमें चलना चाहिए।

(यहाँ दोनों कनखियों से आलोक को देखते हैं। आलोक सिर नीचा कर लेता है झेंपता हुआ।)

राजेश : *(अनिच्छा से उठता है)* ठीक है। ठीक है। चलो फिर चलो। साला घर! साला घर! खाई घर! खंदक घर! कैदखाना घर। चारदीवारें घर! कुत्ता घर! हरामजादा घर! उल्लू का पट्ठा घर! भैन चो...घर! घर! चलो घर! घर! घर!

कौशल्या : *(गुस्से से)* इतना तड़प रहे हो तो बच्चों को नहीं भेजना था अमरीका। पहले सोचा नहीं। दोनों को भेज दिया। खुद अर्ली रिटायरमेंट ले ली। अमरीका जाएँगे, वही रहेंगे। मेरी नौकरी भी छुड़वा दी। यह कोई देश है। इसमें कुछ नहीं रखा है। यह देश रहने लायक नहीं है। मेरी एक न सुनी। तुम ऐसी पढ़ी-लिखी नहीं हो, तुम्हें क्या पता दीन-दुनिया का। अमरीका का। चले गये अमरीका! दो महीने में नानी याद आ गयी। दो महीने में नानी याद आ गयी। आयी कि नहीं?

(पति को गुस्से से देखती है। राजेश पत्नी के आक्रमण से थोड़ा दब जाता है।)

कुछ करने का सोचो आप। हिन्दुस्तान या अमरीका की बात नहीं है। आपको कुछ करना चाहिए। हाथ पर हाथ रखकर बैठे रहने से नहीं चलेगा।

(इसी बीच रुचि एक छोटी ट्रे में चाय के दो प्याले लेकर आ जाती है और उसे उनकी तरफ बढ़ाती है।)

रुचि : कौशल्या! राजेश भाई साहब! चाय पीजिए।

राजेश : *(गुस्से से)* नहीं...नहीं!

(वह दरवाज़े की तरफ़ बढ़ता है। कौशल्या उसके पीछे-पीछे।)

रुचि : *(तेज़ी से बढ़कर उन्हें आगे से रोकती है।)* प्लीज़! प्लीज़! मेरी सौगन्ध। आप ऐसे नहीं जाएँगे। ख़ामख्वाह छोटी-सी बात का इशू बन रहा है। ख़ामख्वाह।...आप वापस चलिए और चाय पीके जाइए।

आप प्लीज़, चाय पिए बग़ैर नहीं जाएँगे।

(रुचि के आग्रह में अब तक विनती की जगह अधिकार भी आ गया है। वे लोग चाय ले लेते हैं। और वापस आकर अपनी-अपनी जगह पर बैठ जाते हैं। रुचि भी उनके पास बैठ जाती है।)

रुचि : मुझे अफसोस है।

कौशल्या : नहीं। नहीं रुचि।

(वे संकोच में चाय पीने लगते हैं।)

रुचि : वैसे भाई साहब, मेरा भी ख्याल है कि आपको कुछ कर लेना चाहिए। हम लोगों की हालत भी आप लोगों से कोई बेहतर नहीं है। ठीक है लड़का यहाँ है मगर हमारे पास तो नहीं है। आज आया तो पोते ने हमें पहचाना ही नहीं। कालिदास भी कहने लगा है कि रिटायरमेंट के बाद कुछ करना होगा। आपके बारे में भी कह रहा था कि कुछ कर लेना चाहिए आपको।

राजेश : *(एकाएक भड़ककर और खड़े होकर)* कौन-सा कालिदास? वो पुरानेवाला या वो तखल्लुसी, उपनामी दो नम्बर का कालिदास आपका पति? इस वक़्त हर कोई मुझे एडवाइज़ दे रहा है, लैक्चर पिला रहा है कि मुझे कुछ करना चाहिए। उसको रिटायरमेंट के बाद पूछूँगा। दो साल रह गये न! ऐसे निकल जाएँगे। मैं नहीं मरूँगा तब तक। पूछ के मरूँगा कि बेटा अब बता। हो सकता है इसी मार्च में हो जाए। कह रहा था, मालिक लोग आपस में लड़ रहे हैं। लड़ाई-झगड़ा बढ़ गया तो कम्पनी में बँटवारा हो जाएगा, शायद कम्पनी ही टूट जाए। तब एक्सटेंशन शायद न मिले। बल्कि साठ की जगह अट्ठावन पर ही रिटायर हो जाएँगे कालिदास साहब। क्योंकि कम्पनी का पुराना रूल चल रहा है। फिर पूछूँगा बच्चू जी से कि क्या करना चाहिए और क्या नहीं करना चाहिए, कि क्या कर रहे हो। राजेश कपूर को कहते फिरते थे कि कुछ कर लो। कुछ कर लो, तुम्हें कुछ ज़रूर करना चाहिए भाई। खाली मत बैठो तुम। फिर पूछूँगा कि क्या किया। कि क्या किया! आप लोग कुछ...

रुचि : *(उसके हमले से घबराकर खड़ी हो चुकी होती है और मानो पति को रोकने के लिए कौशल्या भी।)* मेरा मतलब...

राजेश : मैं आपका मतलब समझ रहा हूँ, अच्छी तरह समझ रहा हूँ। आप मेरा

मतलब नहीं समझ रही—खैर फिर कभी। फिर कभी...। चलो कौशल्या।

(दोनों चाय को बीच में छोड़कर दरवाज़े की तरफ बढ़ते हैं।)

फिर कभी रुचि जी। फिर कभी—

(दोनों जाते हैं। रुचि परेशान-सी उन्हें देखती है, फिर आलोक को। आलोक कन्धे उचकाता है।)

रुचि : *(हल्के गुस्से से आलोक को)* कुछ करना चाहिए राजेश भाई साहब को। औरतें तो घर में लगी रहती हैं। मगर वो समझते ही नहीं।

आलोक : हाँ, मगर शुरू से ही नहीं सोचा। इसीलिए मुश्किल पड़ रही है—पर बात को शुरू से ही ध्यान में रखना चाहिए।

रुचि : फिर भी। ज़िन्दा तो रहना ही है।

आलोक : यही तो साली दिक्क़त है। यही तो दिक्क़त है।

रुचि : *(उसकी तरफ़ देखती है, मगर कुछ कहती नहीं।)*

(अँधेरा होता है।)

दृश्य-चार

[रोशनी स्टेज के एक कोने में—घर के बाहर का-सा, सीढ़ियों के ऊपर लेडिंग का-सा माहौल—अनुराग और नीलिमा पर पड़ती है। दोनों चल रहे होते हैं।]

नीलिमा : *(एकाएक रुककर और साथ ही अनुराग को बाँह से पकड़कर रोकते हुए, परेशानी से)*

मैं कहती हूँ मेरा मन नहीं मान रहा, राहुल उठेगा तो रोएगा। तुम्हारे मम्मी-पापा उन लोगों में लगे रहेंगे। रक्षा आंटी वैसे भी तुम्हारी मम्मी की चहेती हैं।

अनुराग : नहीं रोएगा। अब दो-ढाई घंटे तो सोया ही रहेगा। तब तक हम वापस आ जाएँगे। और फिर उठेगा भी जल्दी तो पापा-मम्मी सँभाल लेंगे। वे बच्चे थोड़े ही हैं। मुझे उन्होंने ही पाला है। नेहा भी होगी। और सुनील भी।

नीलिमा : ज़रूरी नहीं है कि नेहा के पास इस बार भी चला जाए और सुनील

तो सीधा है। सिद्धड़ है। पिछली बार तो अचानक चला गया था। बच्चे के मूड की बात थी। वरना नेहा उसे कहाँ मिलती रहती है और पिछले महीने याद है कितना रोया था, जब यहाँ छोड़ गये थे!

अनुराग : *(थोड़ा चिढ़कर)* तब उसके पेट में दर्द था। अपने घर भी रोया था तब। दहाड़ें मार के रोया था। चुप ही नहीं हो रहा था।

नीलिमा : तुम समझते क्यों नहीं हो? मम्मी के यहाँ आज कोई नहीं है। हमें वहीं जाना चाहिए था। मैं कह भी रही थी...

अनुराग : हमें क्या पता था कि ये लोग आ जाएँगे। फिर भी, बात तो आलोक अंकल और रक्षा आंटी के बीच होगी। मम्मी-पापा तो खाली होंगे। पूरा ख़्याल रखेंगे। वे तो वैसे ही निहाल हो जाते हैं उसे देखकर।

नीलिमा : निहाल होना एक बात है, ख़्याल रखना दूसरी बात है। पिछली बार नैप्पी भी नहीं बदली हुई थी।

अनुराग : नैप्पी होती ही इसलिए है कि घंटों बिना बदले चल सके।

नीलिमा : इतनी देर नहीं जितनी पिछली बार हुई थी। उनके ज़माने में नैप्पियाँ नहीं होती थीं...

अनुराग : *(गुस्से से)* तुम क्या चाहती हो?

नीलिमा : मेरा ध्यान, अनुराग, राहुल की ओर लगा रहेगा। पिक्चर का ज़रा भी मज़ा नहीं आएगा।

अनुराग : नहीं देखते पिक्चर फिर। टी.वी. पर आएगी तो देख लेंगे।

नीलिमा : मगर जो मज़ा सिनेमा हाल में देख के आता है, वो टी.वी. पर नहीं आएगा।

अनुराग : नीलिमा प्लीज़! एक तरफ की बात करो। या चलते हैं या नहीं। बोलो?

नीलिमा : बिल्कुल माँ की तरह रोब जमाते हो।

अनुराग : इसमें रोब जमाने की क्या बात है! मैं तुमसे कह रहा हूँ कि तुम फ़ैसला करो। बोलो, फटाफट बोलो कि क्या करना है?
(नीलिमा के चेहरे पर असमंजस देखकर।)
रहने दें सिनेमा फिर? मम्मी के साथ काम भी करवा देंगे।

नीलिमा : नहीं-नहीं! चलो चलते हैं! मेरा मतलब था—अब वैसे भी वापस आ गये तो वो कहेंगे...। चलो चलते हैं, सिनेमा ही चलते हैं।

अनुराग : तुम्हारा यह डाँवाडोलपन नहीं जाएगा कभी।

नीलिमा : चलो चलते हैं। इंटरवल में फ़ोन कर लेंगे। अगर उठ गया और रो रहा हुआ तो आ जाएँगे।...क्या ज़िन्दगी हो गयी है। चैन से कुछ नहीं

कर सकते...।

अनुराग : मैंने तो कहा था कि बच्चा अभी नहीं करते...

नीलिमा : मुझे क्या पता था कि इतने झमेले होते हैं। मगर अनुराग, हमें ऐसा नहीं कहना चाहिए। सॉरी, सॉरी। नज़र न लग जाए। (हाथ जोड़ती है और ऊपर को देखती है।) भगवान! सॉरी ईश्वर! कोई झमेला नहीं है। सोने जैसा लड़का है। कोई प्रॉब्लम नहीं है। मेरा राहुल कोई झमेला नहीं है।

अनुराग : तुम वास्तव में पागल हो!

नीलिमा : शायद!...पर अभी चलो।

(दोनों जाते हैं।)

दृश्य-पाँच

[वही ड्राइंग रूम। रुचि खिड़की पर खड़ी है और बेसब्री से कभी वह झुककर बाहर देखती है और कभी दरवाज़े की तरफ़। आलोक डाइनिंग टेबल पर बैठा सिगरेट पीता हुआ सोच में डूबा-सा है। तभी रुचि किचन में जाती है और तत्काल वापस आ जाती है और खिड़की में खड़ी हो जाती है। तभी सीढ़ियों पर किसी के चढ़ने की आवाज़ आती है।]

रुचि : *(दरवाज़े की तरफ़ लपकते हुए)* आ गये। आ गये।

(आलोक उठ खड़ा होता है।)

(तभी पहले दरवाज़े की घंटी बजती है, जिस पर रुचि दरवाज़ा खोलने के लिए ज़रा तेजी से आगे बढ़ती है, मगर पेशतर इसके कि वह दरवाज़ा खोले, दरवाज़े में चाबी घूमती है और दरवाज़ा खुलता है और कालिदास अन्दर प्रवेश करता है : चाबी को जेब में रखता हुआ और अपने बायें हाथ से तीन में से एक लिफ़ाफ़ा दायें में करता हुआ— चाबी लगाने के लिए इसे भी उसने बायें हाथ में ले लिया था। उसके चेहरे पर परेशानी है। उसके सिर के खिचड़ी बाल— जिसमें सफ़ेद ज़्यादा हैं— उड़-

से रहे हैं। उसके पास तीन लिफ़ाफ़े हैं जिनमें चिकन, चावल और आइसक्रीम है।)

रुचि : *(झपटती-सी)* आ गये जनाब! रक्षा कहाँ है?
(उसके पीछे देखती है।)

कालिदास : *(अन्दर आता हुआ)* आ रही है। पीछे कार पार्किंग में है। राजेश और कौशल्या से बात करने लग गयी। मैंने कहा, मैं चलता हूँ। आइसक्रीम पिघल जाती और...

रुचि : *(एकाएक गुस्से से)* ये लोग अभी यहीं कार पार्किंग में डेरा डाले हुए हैं? मैंने उन्हें निकाल दिया था...

कालिदास : बताया राजेश ने—।

(कालिदास अब स्टेज के बीचोंबीच आ जाता है। रुचि उसके साथ-साथ आती है।)

रुचि : उससे क्या बात कर रहे हैं? कौशल्या होगी?

कालिदास : अरे आ जाती है। *(आलोक को देखता है)*...हैलो आलोक! आ गये!

आलोक : *(सिर हिलाता है।)*

कालिदास : लो यह। *(थैले रुचि को देना चाहता है।)*

रुचि : *(थैले न लेती हुई)* मुझे यह बिल्कुल पसन्द नहीं आ रहा। बिल्कुल पसन्द नहीं आ रहा उनका रक्षा से बात करना इस वक़्त उसे रोककर। मुझे लगता है जान-बूझ के बैठे रहे होंगे। वरना अब तक तो उन्हें चले जाना चाहिए था।

कालिदास : ऐसी कोई ख़ास बात नहीं है रुचि! बस मिल गये—और मिल गये तो बात तो करनी ही थी। एक-दूसरे को जानते जो हैं। रक्षा के घुटने में दर्द भी है। कोई गड़बड़ है। शायद आर्थराइट्स है।

रुचि : पिछले महीने तो ठीक-ठाक थी!

कालिदास : अचानक कुछ हो गया होगा। बीमारियों का कुछ पता चलता है? आएगी तो पूछ लेना। नेहा और सुनील उसे धीरे-धीरे पकड़ के लाएँगे—सीढ़ियों से ख़ासकर।

रुचि : राजेश और कौशल्या की हद है।

कालिदास : भई बैठे थे कार पार्किंग में यह सोचते हुए कि कहाँ जाएँ। राजेश ने बताया कि वह घर नहीं जाना चाहता था। अब क्या किया जा सकता है। और ऐसी भी क्या बात है? तुम अन्धविश्वासी तो हो नहीं।

रुचि : तुम नहीं समझोगे। मगर छोड़ो। तुम कहाँ रह गये इतनी देर? हमने सोचा कोई एक्सीडेंट वग़ैरह कुछ कर लिया है।

कालिदास : एक्सीडेंट ही हो गया, समझो। उससे भी बड़ी बात हो गयी। अभी बताता हूँ। ये थैले तो ले लो।

(थैले उसकी तरफ़ बढ़ाता है।)

रुचि : *(डाइनिंग टेबल की तरफ इशारा करते हुए, रुखाई से)* वहाँ रख दो। नहीं, नहीं। वहाँ नहीं, अन्दर। आइसक्रीम फ्रिज में...यहाँ पिघल जाएगी।

कालिदास : *(रुचि को थोड़ा ध्यान से देखता है, उसके गुस्से को समझने के लिए और अन्दर की तरफ बढ़ता है।)* तुम खामख्वाह गुस्सा कर रही हो—बात सुनोगी तो सकते में आ जाओगी। पर...

(फिर एकाएक डाइनिंग टेबल पर राहुल के कपड़ों की टोकरी देखकर)

अरे, राहुल आ गया है! पोता साहब आ गये हैं? वाह! वाह! कहाँ है? कहाँ है?

रुचि : अन्दर सो रहा है।

कालिदास : अभी जाके देखता हूँ।

(जल्दी से रसोई की तरफ जाता है और वहाँ थैले रखकर बाहर आता है और हाथों को खुशी-खुशी आपस में रगड़ता हुआ और 'पोता साहब! पोता साहब!' कहता हुआ दूसरे कमरे में जाने लगता है जहाँ राहुल सोया हुआ है।)

रुचि : मत जाना। अभी-अभी सोया है। कच्ची नींद में होगा। जाग जाएगा तो मुश्किल होगी।

कालिदास : *(बराबर बढ़ते जाते हुए)* दूर से ही देखूँगा—झाकूँगा सिर्फ...।

रुचि : तुम सिर्फ दूर से ही नहीं देखोगे। देखते-देखते तुम्हारा मन उसे छूने को कर आएगा। तुम फिर भावुक हो जाओगे, उसे चूमने लगोगे और वह उठ जाएगा। ऐसा एक बार हो चुका है पहले। याद है ना?

कालिदास : ऐसी भी क्या बात है रुचि!

(और आगे बढ़ने लगता है, मगर कुछ सोचकर वापस मुड़ आता है।)

अच्छा भई, नहीं देखता अभी। बाद में सही। और फिर पहले वो बात—

(मुड़कर रुचि के सामने आ जाता है।)

मगर आज आया कि नहीं तुम्हारे पास? पहचाना कि नहीं तुम्हें?

रुचि : सो रहा था। सोता हुआ कैसे आता? सो रहा था...

(वह कालिदास से आँखें चुराती है। मगर आलोक को देखकर कालिदास को सीधे देखती है।)

नहीं आया मेरे पास, कालिदास। नहीं पहचाना उसने। क्या करें। देर-देर से आएँगे ये लोग तो यही होगा। जब उठेगा, तुम ट्राई करना अपनी किस्मत। शायद कवि जी को पहचान जाए कि ये दादा हैं।

कालिदास : *(रुचि को कुछ क्षण ध्यान से देखता है, उसे समझता है और फिर दिलासा देने के लहजे में)* जब तक बड़ा नहीं हो जाता ऐसे ही रहेगा हिसाब-किताब! और साल-डेढ़ साल में फ़र्क़ पड़ेगा...

रुचि : बड़ा होगा तब वो भी देख लेंगे।

कालिदास : *(कुछ क्षण ध्यान से उसे देखकर)* भई, मेरी सुनोगी तो यह सब भूल जाओगी, डेढ़-दो घंटे की आपबीती। सब भूल जाओगी।

रुचि : क्या हुआ?

कालिदास : अब कैसे बताऊँ! कैसे बताऊँ! *(सोचता है)* यों—वैसे तो अब शायद हँसी आ जाए आप लोगों को या मुझे या दोनों को। असल में—किसी ने मुझे बूढ़ा खूसट कह दिया—। *(कहते ही वह स्वयं ही हँसने लगता है और उसके साथ ही रुचि और आलोक भी। मगर कुछ ही देर के बाद तीनों अचानक, एकदम चुप हो जाते हैं। रुचि और आलोक एक-दूसरे को देखकर कालिदास को गम्भीरता और थोड़ी दया से भी, देखने लगते हैं। कालिदास का चेहरा बुझ-सा जाता है।)*

रुचि : अभी आलोक जी कह रहे थे कि जब उन्होंने तुम्हें अभी कुछ देर पहले गाड़ी में जाते हुए अपनी बालकनी से देखा तो तुम उन्हें एकाएक बूढ़े लगे।

आलोक : कालिदास, एकाएक ही मैं तुम्हें पहचान नहीं पाया। लगा कि यह बूढ़ा आदमी पहचाना-सा लग रहा है और फिर मुँह से निकल गया—अरे, यह तो कालिदास है! अपना कालिदास!

कालिदास : हैरानी की बात यह है कि इस बात से मुझे इतना धक्का लगा, इतना बड़ा धक्का लगा कि जिसके बारे में सपने में भी नहीं सोच सकता था। मैंने गाड़ी रोक ली, थोड़ा आगे जा के। मुझे रोकनी पड़ी और मैं बैठा सोचने लगा कि यह क्या है? यह क्या है? कि यह क्या है?

मैं शीशे में अपनी शक्ल तुरन्त-तुरन्त देखना चाहता था। मगर नहीं देख पाया। मेरी हिम्मत नहीं पड़ रही थी।

हुआ यों कि बाहर मेन रोड पर मुझे बायें जाना था। आगे एक मारुति खड़ी थी जिसे दायें जाना था। ज़ाहिर है कि वह ग़लत खड़ा

था। मैंने दो-चार बार हार्न दिया। वह नहीं हिला। फिर मैंने मुँह बाहर निकालकर कहा कि बेटा—चलानेवाला लड़का था—ज़रा गाड़ी इधर कर लो, और यह भी कि तुमने ग़लत खड़ी की हुई है और दायें जगह भी है।

लड़का नहीं हिला। असल में उसमें तीन लड़के थे। तीनों ऐसे बैठे रहे जैसे कोई बात ही न हो। मैंने फिर दो-चार बार हार्न दिया और फिर सिर बाहर निकालकर गुस्से से कहा कि वो ग़लत खड़ा है...और कि यह क्या बदतमीज़ी है!...गाड़ी ढंग से चलानी सीखनी चाहिए। तभी एक लड़के ने जो चला रहा था, सिर बाहर निकालकर मुझे हिक़ारत से कहा, 'चुप बे बूढ़े खूसट! चुप बे बूढ़े खूसट!' दो बार कहा। ऐसी हिक़ारत से कहा जैसे कुछ लोगों में नाली के कीड़ों के लिए होती है। मैं एकदम सन्न रह गया। रुचि! आलोक! मैं ऐसे सन्न रह गया जैसे मुझे बिजली का भारी करंट लगा हो। मैं वहीं पर मानो ठंडा-सा हो गया। जब वे चले गये तो मैंने गाड़ी बढ़ायी। मगर मुझसे गाड़ी समझो कि चली ही नहीं। मैंने एक तरफ़ करके गाड़ी बन्द कर दी और अपनी हालत को समझने की कोशिश करने लगा। मैं वहाँ बड़ी देर तक बैठा रहा। जैसा कि मैंने कहा, मेरी ज़बर्दस्त इच्छा हो रही थी कि अपने को गाड़ी के शीशे में देखूँ, मगर मेरी हिम्मत नहीं पड़ी, मेरी हिम्मत ही नहीं पड़ी। बिल्कुल नहीं पड़ी। मुझे लगा कि अगर मैं शीशा देख लूँगा तो पता नहीं क्या देख लूँगा, शायद अपना विकराल रूप देख लूँगा या पता नहीं क्या हो जाएगा।

यह बात मुझे याद रहेगी। हमेशा याद रहेगी या जितना मेरा हमेशा बाकी बचा है कि बावजूद इच्छा के और बावजूद इस बात के कि हाथ ज़रा-सा उठाकर शीशे को ज़रा-सा ही मोड़ना था, मैं ऐसा नहीं कर पाया।

मैं वहाँ जाम हुआ बैठा रहा। तब मुझे अपने पिताजी याद हो आये जब उन्हें पहली बार किसी ने 'बाबा' कहा था। वे बुरी तरह से ध्वस्त होकर घर आये थे और बैठ गये थे। हमने पूछा था कि क्या हुआ है तो बोले, मुझे बस स्टाप पर किसी ने 'बाबा' कहा। हम लोग उनकी बात सुनकर हँसे थे—मुझे अच्छी तरह से याद है, हम सब बच्चे। मतलब था कि आप बूढ़े तो हैं ही। किसी ने बाबा कह दिया तो इसमें दुखी होने की क्या बात है?

अब मैंने महसूस किया कि जब पहली बार दुनिया ऐसी कहती है

तो कितना बुरा झटका लगता है। बाद में इस पर हँसा भी जा सकता है।

(वह हँसने की कोशिश करता है, मगर हँस नहीं पाता। दोनों— रुचि और आलोक उसे ऐसे देखते हैं जैसे वह कोई नीचा, चिन्ता पैदा करनेवाला आदमी हो गया हो।)

उसके बाद मैं चावल वाले से लड़ा, चिकन वाले से लड़ा। चिकन वाले ने खराब ज़ख्मी चिकन, मेरे मना करने पर भी, मेरे सामने कटवा दिया। बोला, साहब बिल्कुल ठीक है, आप ज़रा भी चिन्ता मत करो। ज़रा पर उखड़े हुए हैं। मैंने नहीं लिया—। काफी देर तक चिक-चिक करनी पड़ी। हर कोई बेवकूफ़ बनाता है यहाँ आजकल, या शायद हमेशा ही बनाते आ रहे हैं लोग...।

(कुछ देर वह चुप रहता है— मानो साँस लेने के लिए। रुचि और आलोक उसे देखते हैं मगर एकदम सीधे नहीं। अपनी दया छिपाते हैं।)

फिर रक्षा के पास पहुँचा तो उसने कहा, हम लोग आपके साथ ही गाड़ी में चलते हैं। यहाँ से कन्वेंस नहीं मिलती आसानी से।

मैंने नेहा से कहा, बेटी, अपनी आंटी को फ़ोन कर आ। वो परेशान हो रही होगी।

और रुचि, पता है मेरा बहुत मन था कि नेहा से मज़ाक-मज़ाक में कहूँ कि यह भी कह देना कि मुझे देर इसलिए भी हो रही है, क्योंकि किसी ने मुझे 'बूढ़ा खूसट' कहा है, मगर कह नहीं पाया।

(वह हँसने की कोशिश करता है, मगर उसकी हँसी खोखली होती है। रुचि और आलोक उसकी तरफ़ थोड़ी और ज़्यादा चिन्ता से देखते हैं और दोनों चुप रहते हैं। कालिदास बड़ी असुविधा का अनुभव करता है, लगभग बगलें झाँकता है, मगर तभी अपनी झेंप मिटाने के लिए दरवाज़े की तरफ़ जाता है, थोड़ी दूर तक धीरे-धीरे, फिर तेज़ी से।)

कालिदास : अभी तक आयी नहीं। कहाँ रह गयी?

(कान लगाकर सीढ़ियों पर कुछ आवाज़ सुनने की कोशिश करता है।)

अब तक आ जाना चाहिए था।

(आलोक और रुचि उसे अपनी झेंप और असुविधा और तकलीफ़ मिटाने की कोशिश करते कुछ देर तक देखते रहते हैं। आलोक सिगरेट सुलगाता है। रुचि इधर-उधर देखती है।

तभी कालिदास आकर सोफ़े पर बैठ जाता है, जहाँ पहले दृश्य में बैठा होता है। उसका हाथ अपने माथे को पकड़ लेता है। वे सब चुप रहते हैं। रुचि और आलोक कालिदास को मानो अपना बुढ़ापा महसूस करते हुए देखते हैं कनखियों से।)

रुचि : *(एकाएक दरवाज़े तक जाती है और वहाँ थोड़ी देर तक इन्तज़ार करके वापस मुड़ती है, और कालिदास से)* ज़्यादा ऐसी-वैसी बात हो तो मैं जाऊँ सीढ़ियों पर चढ़ाने के लिए उसे? *(उसकी आवाज़ में नरमी है जो मानो कालिदास के सद्यप्राय बुढ़ापे के लिए भी है)*

कालिदास : *(अपने को सँभालने की कोशिश में उठ खड़ा होता है और उसी कोशिश में ज़रा आगे आ जाता है)* मेरा ख़्याल तो, नहीं। मगर मैं सोचता हूँ... *(एकाएक थोड़ा सँभलकर और आलोक की तरफ देखकर)* मैं सोचता हूँ कि अगर जाना ही है तो फिर आलोक को जाना चाहिए, क्यों आलोक? *(मगर आलोक के जवाब का इन्तज़ार किये बग़ैर)* और मेरा ख़्याल है रुचि, कि अगर आलोक जाए तो फिर यहाँ आने की क्या ज़रूरत है। मेरा मतलब है अभी। ख़ामख़्वाह संकोच होगा उन्हें भी, हमें भी। उन्हें घर ले जाएँ। थोड़ी देर बाद हम खाने पर बुला लेंगे या खुद ही आ जाएँ या...।

रुचि : ख़्याल बुरा नहीं है। बल्कि अच्छा है।

आलोक : नहीं! नहीं! उसने बात करने के लिए बुलाया है।

कालिदास : *(अब तक अपने को लगभग पूरी तरह से सँभाल चुकता है)* अरे ऐसे भी क्या वकीलों की तरह से, सम्पादकों की तरह से नुक़्ते निकाल रहे हो! उसके बात करने का मतलब तुम जानते ही हो...।

आलोक : *(अपने प्रवाह में)* और दूसरे, वह यह सब कुछ जान-बूझकर कह रही है। मैं भी कहूँ कि इसमें काँटा कहाँ है। वह नीचे खड़ी होगी—और मैं कहता हूँ, कुछ देर तक और खड़ी रहेगी...मैं अपनी पत्नी को जानता हूँ, मैं इस बात पर शर्त लगा सकता हूँ—यह आशा करती कि मैं जाऊँगा उसे लिवाने के लिए या घर ले जाने के लिए। वह हमदर्दी पैदा करने की कोशिश कर रही है। मैं उसे जानता हूँ। मैं भी कहूँ कि यह एकाएक लँगड़ी टाँग कहाँ से आ गयी।

रुचि : आलोक जी, मैंने कहा था आपको कि नेगेटिव फ्रेम ऑफ माइंड में मत रहिए। आप फिर उस पर शक...

आलोक : नहीं, नहीं। अरे अब सब साफ़ हो गया यह घुटने के दर्द वाला किस्सा। मैं कहता हूँ इस वक़्त आप अगर नीचे जाएँ या कहीं से

सीढ़ियों के नीचे की जगह चोरी से देख पाएँ तो आप उसको बच्चों के साथ वहाँ खड़ा पाएँगे। वह ड्रामा कर रही है कि देखो, मैं एक बेचारी पति से अलग हुई औरत हूँ दो बच्चों के साथ, जिसके घुटने में आर्थराइट्स है। वह शहीद होने का नाटक कर रही है। उसे कोई आर्थराइट्स—शरथराइट् नहीं है। बाप रे बाप!—मैं इस औरत के साथ नहीं रह सकता।

कालिदास : मेरा ख़्याल है, उसके घुटने में कोई गड़बड़ ज़रूर है।

आलोक : नहीं, नहीं—नहीं है।

कालिदास : घर में भी वह लँगड़ा रही थी।

आलोक : अरे कालिदास! बड़ी चालबाज़ औरत है। तुम्हारे पहुँचते ही और यह सुनते ही कि मैं बात करने के लिए राजी हूँ—उसने स्कीम सोच ली होगी ताकि मेरी तरफ़ से न करने की कोई गुंजाइश न रहे और हो भी तो लोग मुझे ही कोसें। यही तो पालिटिक्स है इस औरत में। दूर रहने पर हमदर्दी होती है, मगर जैसे-जैसे पास आती जाती है, वैसे-वैसे वह ख़त्म होती जाती है।

रुचि : बच्चों का सोचिए। बच्चों का क्यों नहीं सोचते आप?

आलोक : बच्चे भी उसी के हैं। उसकी तरफ हैं। अपनी ही तरफ नहीं किये हुए, उसने बाप के खिलाफ़ उनके दिमाग़ में ज़हर घोला हुआ है। जैसे बाप न हो क़साई हो। मैं चलता हूँ। यह नहीं हो सकता। यह नहीं हो सकता। मैं चलता हूँ—चुपके से निकल जाऊँगा पास से—या बस निकल जाऊँगा। यह नहीं हो सकता। नहीं हो सकता।

(वह जाने को होता है।)

(रुचि घबराकर कालिदास को देखती है।)

कालिदास : अरे बेवकूफ़ मत बनो आलोक!

आलोक : नहीं, नहीं—नहीं।

(वह दरवाज़े की तरफ बढ़ता है।)

कालिदास : *(एकाएक चिल्लाता है)* रुक जाओ। यह क्या बेवकूफ़ी है! यह क्या पागलपन है! बैठ जाओ यहाँ पर आकर!

(वह आलोक को जो उसके एकाएक चिल्लाने से रुक जाता है, जाकर पकड़ता है और उसे खींचकर सोफ़े तक ले जाता है और उसे ज़बर्दस्ती बिठा देता है और बड़ी तीव्रता से बोलता है)

बेवकूफ़ी मत करो आलोक! यहाँ बैठो और इन्तज़ार करो। और

तुम्हें याद दिला दूँ कि तुमने फ़ोन पर मुझे कहा था कि यार अगर माउंटबैटन और मिसेज़ मित्रां जानते-बूझते अपने बेवफ़ा पत्नी और पति के साथ रहते रहे तो मेरी तो वैसी बात नहीं है। तुमने उस आदमी का ज़िक्र भी किया था जिसके चार बच्चे थे और जो घर से लड़कर मेरठ चला गया था और वहाँ अपने परिवार से अलग होने के कारण उसने आत्महत्या कर ली थी। तुमने कहा था कि तुम वैसे नहीं होना चाहते—कि वह तुम्हें 'हांट' करता है मेरठ वाला आदमी और फिर *(यहाँ वह रुचि की तरफ देखता है)* हमारी बात का भी कोई मतलब होता है। अबकी बार हम लोग बीच में पड़े हैं, फिर कभी नहीं पड़ेंगे। और यह दूसरी बार है। तुम्हें हमारी बात रखनी पड़ेगी। मतलब उससे बात तो कर लो, उसके बाद जो जी में आए करना।...आओ रुचि, हम अन्दर चलते हैं। वे लोग आते ही होंगे।

(वे दोनों अन्दर जाते हैं। आलोक कालिदास की ज़बर्दस्त प्रतिक्रिया से अभिभूत वहीं बैठा रहता है। कुछ देर तक बैठा रहता है। वह अकेला है।)

आलोक : *(खड़ा होकर दर्शकों को सम्बोधित करता है)* अपने बूढ़े खूसट होने का गुस्सा भी मुझ पर निकाल गया। इतना तीखा कभी नहीं बोला मुझसे इससे पहले, कभी नहीं। अरे भई, तुम बूढ़े खूसट हो या चलो हो रहे हो तो मैं क्या करूँ? क्या करूँ मैं?

मगर हे भगवान! *(ऊपर देखता है)* हे भगवान! अब मैं क्या करूँ? मैं क्या करूँ? नहीं सोचा था ज़िन्दगी ऐसी निकलेगी। यह तो कभी नहीं सोचा था कि मेरी ज़िन्दगी ऐसी निकलेगी। तमाम दुनिया में, तमाम तमाम दुनिया में मेरी ही किस्मत इतनी खराब क्यों है? मैं कहता हूँ—हे भगवान! तमाम दुनिया में मुझे ही क्यों चुना तूने?...मैं क्या करूँ? क्या करूँ मैं? मैं क्या करूँ?

(तड़पता हुआ वह सोफ़े पर उस जगह बैठ जाता है जो रुचि की 'सीट' होती है और दरवाज़े की तरफ तीव्रता से और मानो डर से देखता है। कुछ देर के बाद सीढ़ियों से कुछ लोगों के चढ़ने की आवाज़ आती है। आलोक सुनकर एकाएक खड़ा हो जाता है, फिर बैठ जाता है, फिर खड़ा होकर खिड़की पर चला जाता है, और फिर वापस आकर सोफ़े की पीठ पर हाथ रखकर खड़ा हो जाता है और सुरक्षा के लिए सिगरेट सुलगाता है।)

ठीक है। देखते हैं। आई विल बी पॉजेटिव—जैसा कि रुचि ने कहा है। मैं पॉजेटिव होऊँगा—मुझे ट्राई करनी चाहिए एक बार—गम्भीरता से।

(तभी दरवाज़े से रक्षा नेहा और संजीव के साथ अन्दर आती है। रक्षा छियालीस वर्ष की औसत कद, तीख़ी आँखों, औसत-से सुन्दर चेहरेवाली है। नेहा करीब सत्रह की है—पतली छरहरी माँ के बराबर ही है। उसमें एक अतिरिक्त चौकन्नापन और ज़िम्मेदारी का भाव है। संजीव बारह का है। वह भी पतला है। वह थोड़ा सीधा है। अन्दर कदम रखते ही रक्षा रुक जाती है और पति-पत्नी एक दूसरे को असुविधा, शक, आकर्षण और उम्मीद से देखते हैं। दोनों बच्चे बाप को देखते हैं और मानो ज़रा-सा झिझककर और माँ की तरफ देखकर उससे इजाज़त लेना चाह रहे हों या उसके न न करने को देख रहे हों, बाप के पास चले जाते हैं (झिझकते भी और उत्साह से भी।) वे पहले उसके पाँव छूते हैं हालाँकि उनको अपनी तरफ बढ़ता देख आलोक अपनी बाँहें फैला देता है, उनको गले से लगाने के लिए। वे पाँव छूकर उठते हैं तो वह उन्हें बाँहों में समेटता है, दबाता है और फिर दोनों को बारी-बारी से देखता है।)

नेहा : *(आर्द्र होकर)* पापा!

(वह आलोक को उसके कन्धे पर से देखती है।)

(संजीव कुछ नहीं बोलता। वह शर्मीला लड़का है। बाप को देखता है और आँखें नीची कर लेता है।)

नेहा : *(रुआँसी-सी होकर)* पापा!... *(इस सम्बोधन से उसे रोना आता है और रस भी।)* पापा! *(वह दोबारा बोलती है)* पापा! आप हमें मिलने नहीं आये। *(वह आँखें पोंछती है।)*

(संजीव भी इसी प्रकार की हामी में सिर हिलाता है। उसे भी रोना आ जाता है।)

आलोक : तुम्हें मालूम है बेटा, कि क्यों नहीं आया। मगर तुम लोग तो अब बड़े हो गये हो। तुम लोग आ सकते थे।

(उन्हें नीचे से ऊपर तक देखता है। मानो उनके बढ़े हर कद नाप रहा हो।)

नेहा : हम? हम?

(फिर वह और संजीव एक साथ मम्मी की तरफ देखते हैं और चुप हो जाते हैं।)

आलोक : मम्मी को बग़ैर बताए भी आ सकते थे। जैसे क्लास कभी-कभी बंक करते हो।

(दोनों बगलें झाँकते हैं। मम्मी को देखते हैं।)

रक्षा : *(अपनी जगह से)* दो साल में झिझक भी तो बैठ जाती है और फिर...*(वह आगे कुछ नहीं बोलती। बच्चे भी कुछ नहीं बोलते।)*

आलोक : *(उन लोगों की मजबूरी समझकर)* तुम लोग ठीक तो हो न!

(उन लोगों को बारी-बारी से फिर देखता है उनका मुआयना-सा करता हुआ, जिसमें कष्ट और प्रेम दोनों हैं।)

नेहा : हाँ पापा!

संजीव : *('हाँ' में सिर हिलाता है।)*

आलोक : तू तो मम्मी के बराबर हो गयी है!

नेहा : हाँ पापा! बल्कि थोड़ी बड़ी। मेरे सारे कपड़े छोटे हो गये हैं। मम्मी के भी नहीं आते अब।

संजीव : मम्मी कहती हैं, मैं अभी दो-तीन साल के बाद कद निकालना शुरू करूँगा।

(इस पर तीनों हँसते हैं। आलोक संजीव के सिर पर हाथ फेरता है।)

आलोक : तू कौन-सी क्लास में गयी है, बारहवीं में न?

नेहा : हाँ। इस साल हायर सैकेण्डरी कर लूँगी।

संजीव : और मैं सातवीं से आठवीं में आऊँगा।

आलोक : *(प्यार से मुस्कराता है और दोनों बच्चों को अपनी बाँहों में भरकर अपने साथ सटाता है और नेहा के सिर को चूमता है और फिर संजीव के सिर को भी। और फिर उन दोनों को कुछ कहना चाहता है, मगर तभी एक तो आर्द्र होने के कारण कुछ नहीं कह पाता (वह आँखें पोंछता है) और फिर इसलिए भी रुक जाता है, क्योंकि इस बीच रक्षा आगे बढ़ना शुरू कर देती है। वह एक ही कदम आगे आती है, मगर तीनों उसकी तरफ से सचेत हो जाते हैं। उसके चेहरे पर हल्की मुस्कराहट है और उसमें थोड़ा उत्साह भी है—परिवार के पुनर्मिलन में शामिल होने के लिए, मगर साथ ही एक अनिश्चितता भी है। वह दो कदम चलकर खड़ी हो जाती है और आलोक को देखती है। आलोक रक्षा को देखता है। ऐसा लगता है जैसे दोनों दौड़कर एक-दूसरे से मिलेंगे। अलबत्ता दोनों बच्चे इस सम्भावना का भान करके और पिता की बाँहों को अपने पर ढीला होता महसूस कर उससे*

अलग हटने लगते हैं। पहले नेहा फिर संजीव।

तभी रक्षा और आगे बढ़ती है। आलोक भी एकदम आगे बढ़ता है। रक्षा ज़रा जल्दी से आगे बढ़ती है। तभी उसका लँगड़ाना देखकर आलोक रुक जाता है। आलोक के चेहरे पर सन्देह का भाव प्रकट होता है, जिसे वह पूरी तरह से दबा नहीं पाता। अलबत्ता वह उसकी टाँग की तरफ उसी सन्देह से देखता रहता है कुछ क्षण। रक्षा थोड़ा और आगे आती है। अब वे एक दूसरे से ज़्यादा दूर नहीं हैं। और अगर चाहें तो लपककर एक-दूसरे के बग़लगीर हो सकते हैं, जैसा कि लगता है कि वे होंगे मगर नहीं होते। एक झिझक रहती है।)

रक्षा : *(आलोक की सन्देह वाली नज़रों को पहचानकर, मगर अनदेखा करके और प्रेम के भाव को उजागर करनेवाले लहज़े में)* कैसे हो आलोक?

आलोक : ठीक हूँ। तुम कैसी हो?

रक्षा : ठीक हूँ। बस ज़रा...।

(अपनी टाँग की तरफ देखती है।)

आलोक : यह क्या है?

(उसकी आवाज़ में व्यंग्य-सा उभर आता है।)

रक्षा : तुम्हें शायद विश्वास नहीं हो रहा, मगर डॉक्टर कहता है शायद आर्थराइट्स है...कुछ टेस्ट और करने हैं।

आलोक : ओह! मैंने समझा ऐसे ही कोई छोटी-मोटी चोट।

रक्षा : तुम्हें शायद विश्वास नहीं हो रहा। मगर है गड़बड़ घुटने में।

आलोक : ठीक है। ज़रूर होगी।

रुचि : *(अन्दर से ज़ोर से बोलती है, दिखाई नहीं देती है)* नेहा, संजीव! बेटा इधर आ जाओ। पापा-मम्मी के लिए चाय ले जाओ!

(दोनों बच्चे अन्दर जाते हैं। रक्षा और आलोक पहले हल्का-सा मुड़कर बच्चों को अन्दर जाता देखते हैं, फिर एक-दूसरे को ज़्यादा खुलकर देखते हैं—ज़्यादा स्वतन्त्रता से और ज़्यादा तीव्र भावना से भी, मगर बावजूद एक-दूसरे के गले मिलने की इच्छा के, जो दोनों के चेहरों पर झलक जाती है, वे अपनी-अपनी जगह पर, एक-दूसरे को देखते, खड़े रहते हैं, गड़े-से रहते हैं। कुछ देर ऐसे ही रहते हैं।)

आलोक : बोलो! *(और वह सिगरेट सुलगाता है।)*

रक्षा : मैं क्या बोलूँ? मैंने तो...यों बोलने की क्या ज़रूरत है?

आलोक : तुम्हीं ने बुलाया है बात करने के लिए।

रक्षा : *(उसकी तरफ ध्यान से देखती है, उसका मन भाँपने के लिए)* तुम्हें मालूम तो है बात क्या है? या कि बात क्या करनी है मुझे?

आलोक : *(क्रूरता से)* घर छोड़कर जाने का शौक पूरा हो गया?

रक्षा : *(तिलमिलाकर हल्का-सा पीछे को हो जाती है)* यही समझो। वरना बुलाती क्यों?

आलोक : समझो, मतलब?

रक्षा : यही बात है आलोक। यही बात है। समझो ऐसे ही कह दिया।

(उसकी तरफ बढ़ना चाहती है, मगर आलोक सिगरेट का कश लगाता है और झुककर पास पड़े मेज़ पर रखी ऐश-ट्रे में राख झाड़ता है रक्षा को निरुत्साहित करने के लिए। वह वहीं रुक जाती है।)

आलोक : मगर इसकी क्या गारंटी है कि वही बातें हमारे बीच फिर नहीं होंगी?

रक्षा : *(क्षण भर चुप रहकर उसे ग़ौर से देखती है)* तुम कैसी बातें कर रहे हो आलोक! क्या तुम बदला लेने की नीयत से आये हो? तुम्हारे दिल में मेरे लिए कोई जगह नहीं है?

आलोक : तुम्हारे दिल में मेरे लिए है?

रक्षा : वरना आती क्यों? बावजूद तुम्हारे पिछली बार न करने के, दोबारा क्यों मिलने के लिए कहलवाती?

आलोक : मज़बूरी तो नहीं है कि बच्चे अब अकेले नहीं पलते। वो बच्चे जिन्हें तुमने अपनी तरफ किया हुआ है, वो बच्चे जिनके बारे में घर छोड़ते वक्त तुमने कहा था कि तुम खुद ही उनको पढ़ा-लिखा लोगी और शादियाँ भी कर दोगी अपने माँ-बाप की शह पर? वही बच्चे...?

रक्षा : तुम लड़ना चाहते हो तो मैं चली जाती हूँ। मैंने समझा था...मगर लगता है, कोई फ़ायदा नहीं होगा...मैं चली जाती हूँ।

(दरवाज़े की तरफ मुड़ती है मगर बढ़ती नहीं। फिर आलोक को देखकर)

मैं तो सब कुछ पीछे डालना चाहती थी और सोचा था कि तुम अगर मिलने पर राज़ी हुए हो तो तुम भी यही सोचकर हुए होगे। मगर तुमने आते ही शक करना शुरू कर दिया, लड़ाई करनी शुरू कर दी।

आलोक : मेरे देर से आने को बर्दाश्त कर लोगी या पहले की तरह रात को घर में घुसने नहीं दोगी?

रक्षा : *(रुआँसी-सी आवाज़ में)* मैं कुछ नहीं कहूँगी। मगर तुम भी थोड़ा

बदलोगे कि नहीं?

आलोक : मेरा अख़बार का पेशा ही ऐसा है और नाटक लिखने के लिहाज़ से भी...कि देर हो सकती है, होती रही है, होती रहेगी।

रक्षा : मगर दस बजे कहोगे तो ग्यारह बजे तक तो आ सकते हो। मेरा मतलब है, हमारे बीच कोई अंडरस्टैंडिंग...बात देर से आने की उतनी नहीं है, कोई अंडरस्टैंडिंग...

आलोक : एक भी बज सकता है।

रक्षा : *(चुपके से उसका मुँह देखती है, फिर विवशता से)* ठीक है तुम टोटल फ्रीडम चाहते हो। ठीक है। मैं कुछ नहीं बोलूँगी। तुम्हें खुली छुट्टी है, तुम जब चाहो आओ! बच्चों की सौगन्ध! *(मगर इसके साथ ही वह रो पड़ती है)* मगर आलोक, बहुत लताड़ रहे हो। बहुत दबा रहे हो।

आलोक : *(बिना पिघले हुए)* घर छोड़कर भी तुम्हीं गयी थीं।

रक्षा : वह ग़लती थी। भारी ग़लती थी।

(और ज़्यादा रोती है।)

आलोक : *(उसके रोने की परवाह न करके, बल्कि उसको सन्देह की नज़र से देखते हुए पीछे के कमरे की तरफ़ देखकर ज़ोर से चिल्लाता है)* रुचि जी! कालिदास!

(दोनों भागे-भागे-से आते हैं। पीछे-पीछे नेहा और संजीव भी हैं।)

आलोक : आप लोग गवाह हैं। अगरचे मुझे विश्वास नहीं है कि यह कर पाएगी, मगर कह रही है और आपने भी सुलह करने को कहा है तो मैं ट्राई कर लेता हूँ। यह कह रही है कि रात को मुझे कभी घर आने में देरी हो जाएगी तो यह दरवाज़ा बन्द करके मुझे बाहर नहीं रखेगी। अरे बाप रे बाप! बाप रे बाप! आप लोगों को तो मालूम ही है कि मुझे कई बार एक बजे या दो बजे से सुबह तक घर के बाहर सीढ़ियों पर ही बैठे रहना पड़ता था। दो-तीन बार आपके पास भी रात बिताने आया था। मगर हर बार आप लोगों के पास या कहीं और सोने के लिए नहीं जा सकता था। सीढ़ियों पर बैठा रहता था। क्या आप कल्पना कर सकते हैं कि मैं बाहर सीढ़ियों पर गर्मी में या सर्दी में पड़ा हूँ और यह औरत, यह औरत अन्दर चुपचाप सो रही है या मेरी यातना का रस ले रही है!

(एकाएक गुस्से से रक्षा की तरफ उँगली उठाता है।)

इसने, इस औरत ने, नेहा तक को दरवाज़ा खोलने के लिए मना किया हुआ था। संजीव बेचारा तो छोटा था और अक्सर सोता होता था। क्यों नेहा, ठीक है कि नहीं? बाप रे बाप! बाप रे बाप!

नेहा : *(रोते हुए)* मम्मी ने कहा था कि अगर तू दरवाज़ा खोलेगी तो तू ऐसी मार खाएगी कि याद रखेगी और फिर कभी तुझे कुछ ले के नहीं दूँगी।

आलोक : तब मुझे लगा करता था मेरे ही पल्ले ऐसी बीवी क्यों पड़ी है। किसी और की बीवी ऐसी क्यों नहीं है? रुचि ने, कौशल्या ने ऐसा कभी नहीं किया...अब देखो *(कालिदास और रुचि को सम्बोधित करके)* यह वायदा कर रही है कि अब ऐसा नहीं करेगी। क्या आप विश्वास कर सकते हैं! क्या आप चाहेंगे कि मैं विश्वास करूँ?

रक्षा : *(आहत होते हुए कुछ बोलना चाहती है मगर रुचि उसे हाथ के इशारे से चुप रहने के लिए कहती है और वह कुछ नहीं बोलती।)*

रुचि : आलोक जी! ऐसी तफ़सीलों में मत जाओ। दोनों ही खूनो-खून हो जाओगे। आप दोनों ही बदलो तभी काम चलेगा। दोनों को ही बदलना पड़ेगा। बदलना चाहिए। उसने बुलाया है और कह रही है तो आलोक जी, वह तो बदलेगी। मेरी गारंटी है। क्यों रक्षा? *(रक्षा 'हाँ' में सिर हिलाती है।)* मगर आप भी तो बदलो?

आलोक : *(अपनी झोंक में)* देखिए, आप लोग बीच में पड़े हैं तो मैं बात साफ़ कर लेना चाहता हूँ। मैंने आपसे कहा था कि मुझे पता नहीं चल रहा है कि पत्नी और बच्चों के साथ रहना मेरे लिए ज़्यादा तकलीफ़देह है कि उनके बग़ैर। दोनों बच्चे अपनी तरफ किये हुए है।

(दोनों बच्चे एक-दूसरे को देखते हैं और अपराध-भाव महसूस करते हैं।)

रुचि : आप घर पर न हों तो आपसे प्यार कैसे कर सकते हैं, आपकी तरफ कैसे हो सकते हैं?

आलोक : वो बात दूसरी है। कभी तो घर पर होता हूँ और कभी तो ज़्यादा ही होता हूँ। मगर हर बात मेरे खिलाफ़ ही जाती है। पापा को सिगरेट पीनी नहीं आती, यहाँ-वहाँ राख झाड़ देते हैं। पापा के कपड़े झट गन्दे हो जाते हैं, पता नहीं कैसे पहनते हैं। पापा, देखो कैसे खा रहे हैं या खाते ही जा रहे हैं। पापा घर में पैसा कम देते हैं—पता नहीं कहाँ और किस पर उड़ा देते हैं। सिगरेट की राख नीचे कहीं गिर गयी तो कहा जाएगा कि तुम गँवार हो। पता नहीं अख़बार वालों ने तुम्हें

कैसे रखा हुआ है। कैसे तुम्हारा नाम और तस्वीर भी छाप देते हैं।

रुचि जी, कालिदास! आप जानते हो कि इस औरत में मुझे कंट्रोल करने की, अपनी उँगलियों पर नचाने की ऐसी घनघोर लालसा है, ऐसी घनघोर इच्छा है कि कभी-कभी तो मुझे लगता था और अब यह सब याद आ रहा है इसे देखकर, बेहद-बेहद तीव्रता से लगता था कि यह चाहती है कि मेरी हर एक साँस, मेरी हर एक क्रिया, मेरी हर सोच, सोच की हर कड़ी, कड़ी का सब लेखा-जोखा, उसकी हर बारीकी, हर तफ़सील इसके हिसाब से चले, इसकी अनुमति से, इसकी आज्ञा से, इसके हुक्म से, इसकी देख-रेख में, इसके समर्थन में चले। मैं क्या खाऊँ, क्या पहनूँ, कब सोऊँ, कब जागूँ, कब खड़ा होऊँ, कब बैठूँ—सब इसी के हिसाब से चले, इसी के हिसाब से हो।

रक्षा : इतनी मेहनत से मैं घर को ठीक रखती हूँ। लोग तारीफ़ करते नहीं थकते कि सबसे ज़्यादा साफ-सुथरा घर तुम्हारा होता है। और मैं घर कैसे चलाती हूँ, वह यह नहीं जानना चाहता। यह चाहता है घर आए और राजे की तरह जहाँ मर्जी, जो भी चाहे करे, बाकी सब इसके इशारे में रहें, इसकी इच्छाओं का पालन करें, ख़ासकर मैं। ख़ासकर मैं! रुचि जी, आप तो समझती हैं कि—

आलोक : अगर यही सब फिर होना है! और अब लगता है, इतने दिनों के बाद, दो साल के बाद भी यही लगता है कि वही सब फिर होगा। अलग थे तो लगता था कि शायद कोई चांस है, कि हम जब मिलते थे, तो ग़लत तरह से मिलते थे और उसे शायद अब सुधारा जा सकता है। मगर ईश्वर ने, विधाता ने, नियति ने, कुदरत ने, हमारे जीन्स कुछ ऐसे बनाये हैं, कि हम ग़लत ढंग से एक-दूसरे से ऐसे ही मिलेंगे, मुझे पक्का यक़ीन है। अब फिर वही होगा, जो हमेशा होता आया है, बिल्कुल वही होगा, वही हो रहा है। देखो कालिदास, देखो रुचि जी, घर छोड़ के जाने का रक्षा के चेहरे पर कोई असली पछतावा, कोई असली मलाल, कोई असली अफ़सोस मुझे नज़र नहीं आता। आप तो कह रहे हैं वह कर लेगी! नहीं! नहीं! नहीं! मैंने तो आप लोगों से कहा था कि कोई फायदा नहीं होगा। कुछ नहीं बदलेगा, कुछ नहीं बदलेगा।

(एकाएक वह बाहर की तरफ भागता है।)

नेहा : पापा!

आलोक : *(दरवाज़े के पास जाकर रुक जाता है और वापस मुड़कर नेहा को*

देखता है। नेहा आगे बढ़ना चाहती है। आलोक एक क्षण रुकता है। मगर नेहा आगे नहीं बढ़ पाती। वह माँ को देखती है और हालाँकि रक्षा उसे कुछ नहीं कहती, मगर नेहा उसकी चुप्पी से निरुत्साहित हो जाती है और वहीं की वहीं खड़ी रहती है। आलोक कुछ क्षण यह देखता है, फिर बाहर चला जाता है।)

कालिदास : *(उसके पीछे चिल्लाकर)* आलोक! आलोक! बेवकूफ़ी मत करो। पागलपन मत करो। ठहरो। ठहरो! बात तो करो। बात तो करो! बात तो करो!!

(वह उसे रोकने के लिए उसके पीछे बाहर जाता है। कुछ देर तक रुचि, रक्षा, नेहा और संजीव सन्न-से खड़े रहते हैं और दरवाज़े की तरफ देखते रहते हैं, यह समझते हुए कि कालिदास अभी-अभी आलोक को पकड़कर ले आएगा। मगर कुछ देर के बाद जब ऐसा नहीं होता तो उन सबकी तन्द्रा टूटती है।)

रुचि : *(रक्षा से)* तुम क्यों कुछ कहती हो! तुम्हें बहस नहीं करनी चाहिए थी। यह वक़्त बहस करने का थोड़े ही था! सब कुछ मान लेना चाहिए था। मैंने समझाया भी था पिछली बार। एक बार घर रहना शुरू कर देती फिर से—फिर बात धीरे-धीरे करनी चाहिए थी, फिर धीरे-धीरे सब ठीक हो जाता—। वो अड़ियल है तो तुम भी तो अड़ियल ही हो।

रक्षा : बहन जी, वह चाहता है, मैं उसके पाँव पकड़ूँ। उसके आगे नाक रगड़ूँ। उसकी गुलाम बनी रहूँ। वो जो करे उसे करने दूँ। मैं जितना कर सकती थी, मैंने किया। इससे ज़्यादा अपने को नीचा नहीं कर सकती। इससे ज़्यादा और नहीं गिरा सकती। झूठमूठ भी नहीं कर सकती। क्यों गिराऊँ?

(वह कुछ क्षण विरोध में, इस भाव में रुचि के सामने मानो उसी का विरोध करती हुई-सी खड़ी रहती है, फिर एकाएक ही रो पड़ती है और सोफ़े पर बैठ जाती है। अपना मुँह वह अपनी बाँह में छिपा लेती है। रुचि तुरन्त उसके पास बैठ जाती है और उसके कन्धे पकड़ती है और उसे सान्त्वना देने की कोशिश करती है। बच्चे क्षण भर चुपचाप खड़े रहते हैं। फिर संजीव रो पड़ता है और नेहा भी। नेहा माँ के पास आती है। अपने को सँभालते हुए और ''चुप करो मम्मी! चुप करो मम्मी!''—कहती है। उसके पीछे संजीव भी खड़ा है असुविधा

और असमंजस के भावों को लिये हुए। तभी कालिदास लौट आता है।)

कालिदास : पता नहीं कहाँ चला गया। घर पर भी नहीं है। थोड़ी देर रुक जाते हैं। शायद आ जाए।

रक्षा : *(पहले ज़ोर से रोती है। फिर एकाएक अपने को सँभालती है और खड़ी हो जाती है।)* नहीं! नहीं! चलिए भाई साहब! हमें घर छोड़ आइए। वो नहीं आएगा। मुझे लग रहा था कि यही होगा। वही हुआ।

रुचि : तुम्हें घर छोड़कर नहीं जाना चाहिए था।

रक्षा : आप भी मुझे ही ब्लेम कर रही हैं!

रुचि : नहीं, नहीं। मैं उसे भी करती हूँ। आज भी इतना कहा।

रक्षा : *(मन कड़ा करने की कोशिश करती हुई)* ठीक है। जो नहीं है, सो नहीं है। चलिए भाई साहब, आपको तकलीफ़ तो होगी। मगर सामान आपकी गाड़ी में है। हमें सामान ही नहीं ले के आना चाहिए था। हमें छोड़ आइए वापस!

रुचि : अभी रुक जाओ। अभी नहीं जाने दूँगी। ऐसे नहीं जाने दूँगी। अभी बैठो, खाना खा के जाना। आलोक भी शायद आ जाए। कहीं बैठा भड़ास निकाल रहा होगा।

रक्षा : नहीं, नहीं, बहन जी! वो नहीं आएगा। मैं उसे जानती हूँ। हमारी ज़िन्दगी खराब ही चलनी है। उसके साथ भी और उसके बग़ैर भी। चलो बच्चो...नेहा!....चलिए भाई साहब!

(तीनों धीरे-धीरे बाहर जाते हैं— नेहा और संजीव रक्षा को सहारा देते हुए पीछे-पीछे कालिदास— गाड़ी की चाबी डाइनिंग टेबल से उठाते हुए जाता है। रुचि आर्द्र आँखों से उन्हें देखती है। वे तीनों धीरे-धीरे स्टेज से होते हुए दरवाज़े के बाहर जाते हैं। कालिदास उनके पीछे-पीछे दरवाज़े के पास पहुँचकर मुड़ के रुचि को देखता है। रुचि रुलाई रोकती हुई अन्दर भाग जाती है। कालिदास भी बाहर चला जाता है। स्टेज कुछ क्षण के लिए खुला रहता है, फिर पर्दा गिरता है।)

(पहला अंक समाप्त)

अंक-दो

दृश्य-एक

[वही ड्राइंग रूम। दूसरे दिन सुबह के क़रीब सात बजे हैं। एक छोटी ट्रे में चाय के दो गिलास लिये हुए कालिदास किचन से आता है और ट्रे को मेज़ पर रखता है, जहाँ खिड़की से थोड़ी धूप आ रही होती है। चाय के गिलास धूप में चमक उठते हैं। कालिदास कुर्ता-पाजामा और स्वेटर पहने है। ऊपर शाल ओढ़े हुए है।]

कालिदास : *(अपने बेडरूम की तरफ मुँह करके ज़रा जोर से)* रुचि! रुचि! चाय! चाय! चाय आ गयी पत्नी जी! जल्दी करो वरना धूप चली जाएगी।

(फिर दर्शकों की तरफ देखकर बोलता है)

क्या घर है! घर नहीं फ़्लैट! धूप यहाँ सुबह कुछ देर के लिए आती है, क्योंकि पास वाला फ़्लैट रोक लेता है। बालकनी में दोपहर के बाद आती है, जब हम काम पर होते हैं। फ़्लैट ठंडे का ठंडा। साला, फ्रिज़ का फ्रिज़। फ्रिज़ का फ्रीज़र! वाह रे डिज़ाइनर आर्कीटेक्ट! वाह रे हमारे लोगों के दिमाग़!

(तभी वह दरवाज़े की तरफ जाता है और बाहर से अख़बार उठा लाता है और सुर्ख़ियाँ देखता हुआ उस कुर्सी पर बैठता है, जहाँ धूप होती है।)

(अख़बार से नज़र उठाकर चाय का प्याला उठाता है, एक घूँट भरता है और मुँह बेडरूम की तरफ करके चिल्लाता है) रुचि! रुचि! चाय ठंडी हो रही है और धूप चली जाएगी। चाय मैं फिर गर्म नहीं करूँगा। बोलो तो वहीं दे दूँ? रुचि! रुचि! धूप जा रही है और लगता है देवेगौडा भी जा रहा है। सारा देश ही जा रहा है खड्ड में। अंग्रेज़ी में कुत्तों के पास जाता है, हिन्दी में खड्ड में या कुएँ में, उर्दू में गर्त में जाता है। सब भाषाओं ने अपनी-अपनी जगहें बना रखी हैं देश को भेजने की।

(रुचि शाल को ठीक से लेती हुई आती है और कालिदास के आड़े, मगर ज़रा सामने धूप में बैठ जाती है। बालों को हाथ से ठीक करती है और चाय का प्याला उठाती है।)

रुचि : इतनी जल्दी उठ जाते हो। बुढ़ापे के लक्षण हैं। वो लड़के ठीक कहते थे। अभी-अभी आँख लगी थी। आधी रात तक तो कल की बातों ने सोने नहीं दिया। बेचारी रक्षा का ख़्याल आता रहा। बच्चों का, ख़ासकर नेहा का। फिर अभी नींद आयी ही थी कि तुमने उठा दिया। देखो, तारे देखो, रुचि, बत्ती चली गयी है सारे इलाक़े की, शायद सारी दिल्ली की। अँधेरे में तारे देखो। उठो, रुचि उठो। तारे देखो!

कालिदास : *(हल्के व्यंग्य से)* पिछली बार जब रात को बत्ती गयी थी इसी तरह और तुम्हें अच्छा लगा था तो आदेश दिया था पत्नी जी, कि फिर कभी रात को इस तरह बिजली चली जाए और तुम जाग रहे हो तो मुझे ज़रूर उठा देना। पूरे अँधेरे में तारों को देखने में कमाल की बात होती है। आपस में और हमसे बातें करते लगते हैं! और एकदम पास! एकदम पास! क्या संसार है! तुमने ही हुक्म दिया था!

रुचि : *(खीझ कर)* वो तब की बात थी। तुम तो बस एक़ बात को पकड़ लेते हो। और बंदे को यह भी देख लेना चाहिए कि आदमी का मूड कैसा है, मनःस्थिति कैसी है, कैसी परेशानी में सोयी है और अभी-अभी सोयी है। इस वक़्त उठाऊँ कि न उठाऊँ। बत्तियाँ तो यहाँ जाती ही रहेंगी, यह हिन्दुस्तान है—बस उठो! उठो! तारे देखो। तुम्हारे साथ सारी उम्र तारे ही तारे देखने को मिले—मगर दिन वाले—जो दिन में दिखते हैं।

कालिदास : तुम इतनी खीझी हुई क्यों हो? धूप देखो—

रुचि : कोई औरत नकली कवि से शादी न करे। तुम अपने नाम को सीरियसली लेने लगते हो। तारे देखो! तारे देखो! धूप देखो!...हर रात डेसू वालों को कानूनन दो घंटे के लिए सारे शहर की बत्तियाँ बन्द कर देनी चाहिए, ताकि लोग प्रकृति से जुड़ सकें। प्रकृति से क्यों ब्रह्मांड से, ताकि आज की बकवास ज़िन्दगियों में थोड़ा फ़र्क़ पड़े। लोग कुछ मौलिक सोच सकें—माई फुट! माई ब्लडी फुट। बल्कि माई ब्लडी लेफ्ट फुट्स अँगूठा।

मैं कहती हूँ कालिदास साहब!...रात को मैंने नहीं कहा, सोचा तुम्हारा दिल टूट जाएगा और मेरा ध्यान उठते ही कहीं फिर रक्षा और बच्चों की तरफ चला गया था—मैं कहती हूँ कालिदास साहब! अपने

को हिन्दुस्तान का कवि समझते हो, बिजली आने से पहले तो हम लोग हज़ारों साल इस प्रकृति से, इन तारों से, इस ब्रह्मांड से जुड़े हुए थे। इन्हीं को ताका करते थे। तब हमने क्या किया? ग़ुलाम हो गये। गरीब हो गये! फटेहाल हो गये। दलिद्दर हो गये। इन दिनों भ्रष्टाचारी स्कैमधारी होने में लगे हुए हैं।

तारों से फ़र्क नहीं पड़ता कवि महोदय! धूप से फ़र्क नहीं पड़ता, मेघ से फर्क नहीं पड़ता, भले ही वह आषाढ़ का हो। अपने अन्दर सोचने से, अपने अन्दर तारे पैदा करने से फ़र्क पड़ता है। वो हम नहीं करते। नहीं करेंगे। बस नहीं करेंगे, कर लो जो करना हो आपको।

कालिदास : मेरा मतलब वही था...

रुचि : *(नकल उतारती है)* मेरा मतलब वही था! उठा दिया! इतनी बढ़िया नींद आ रही थी और मुझे पता था कि मैं नींद में हूँ...ऐसे में कितना मज़ा आता है। और कितने दिनों के बाद ऐसा हो रहा था। उठा दिया! तारे देखो!

असल में, तुम अभी तक बूढ़े खूसट कहे जाने से तिलमिला से रहे हो, और चाहते हो कि मैं तुमसे बार-बार कहूँ कि ऐसी बात नहीं है, कि ऐसी बात नहीं है।

कालिदास : तुम इतनी चिड़चिड़ी क्यों हो रही हो? तुम तो बूढ़ी नहीं हो रही हो? तुम्हें तो सब सुन्दर कहते हैं। सुन्दर भी और तेज़ भी। और लगभग जवान भी। तुम्हें तो माता जी कोई नहीं कहता।

रुचि : मुझे भी कहते ही होंगे। मुँह पर भले ही न कहें...। एक दिन वह भी कह देंगे, जल्दी ही—लो धूप जा रही है तुम्हारी, पकड़ो उसे! यह उनका डिज़ाइन है जिन्होंने तारे देखे हैं। *(उठ खड़ी होती है और चाय का गिलास लेकर खिड़की की तरफ जाती है मगर तभी लौट आती है और एकाएक सारी चाय पीकर खाली गिलास मेज़ पर रख देती है।)* चाय भी थोड़ी बनायी।

कालिदास : अब और तुम बनाओ।

रुचि : मुझे ही बनानी पड़ेगी। नौकरानी तो इस घर में मैं ही हूँ। अभी खाना भी मैं ही बनाऊँगी। *(तभी उसकी नज़र डाइनिंग टेबल पर पड़ती है, जहाँ रात के खाने के बर्तन पड़े हैं।)* अरे कमरा कितना गन्दा है। मेज़ भी साफ़ नहीं किया किसी ने रात को—

कालिदास : रात को कर रहा था यह 'किसी' कि अचानक बड़ा बोर हो गया। सोचा कल हो जाएगा।

रुचि : *(गुस्से से)* तुम्हें मालूम है, मुझे गन्दगी पसन्द नहीं है ज़रा भी...।

कालिदास : मालूम है। मालूम है बेग़म जी, पत्नी जी, वाइफ़ जी। और मुझे यह भी मालूम है और रात को भी मालूम था कि हमारे बीच जो एक अनौपचारिक, अलिखित, अकहा अनुबन्ध है उसके अन्तर्गत यह काम, यह ड्यूटी, मेरी है। मगर कभी-कभी नहीं करनी चाहिए साली ड्यूटी!

रुचि : क्यों?

कालिदास : सेहत के लिए अच्छा होता है। जैसे कभी-कभी आप आराम से, शालीनता से, प्यार से तो छोड़ो, पोलाइटली भी बोलना भूल जाती हैं जैसे अभी-अभी आपने यह फिकरा कसा कि 'तुम्हें पता है मुझे गन्दगी पसन्द नहीं' ऐसे कहा जैसे पिछले ज़माने में क्या, अभी भी बहुत से घरों में गृहस्थिनें नौकरों को कहती हैं या जैसे कुछ लोग कुत्तों को। मैं भी ऐसे बोलूँ तो सुबह-सुबह घर में झगड़ा हो जाए।

रुचि : मैंने ऐसे नहीं कहा। मैं ऐसी नहीं बोलती। कभी नहीं। नैवर! मैं हमेशा ठीक बोलती हूँ।

कालिदास : आपको पता नहीं चलता जी, हर बार, कि आप कैसे बोलती हैं। अगली बार टेप करके सुनाऊँगा।

रुचि : मैं ऐसे नहीं बोलती। तुम्हीं गँवारों की तरह से ऊँचा-ऊँचा बोल रहे थे अभी, चाय चाय करते हुए। हालाँकि अपने को कवि कहते हो। सारे मुहल्ले को पता चल गया होगा कि—

कालिदास : यहाँ कोई मुहल्ला-वुहल्ला नहीं है। फ़्लैट हैं, अपार्टमेंट हैं। यहाँ आसानी से पता नहीं चलता कि बाहर क्या हो रहा है और बाहर वालों को कि अन्दर क्या हो रहा है। और हाँ...गँवारों की तरह से तुम बोलती हो, मैं नहीं...

रुचि : सुबह-सुबह लड़ने का मूड हो रहा है क्या? रात को तुम्हारा बेटा और बहू ज़्यादा देर तक नहीं ठहरे। पोता तुम्हारे पास भी नहीं आया एकदम, हालाँकि तुमने सोचा था कि इसके पास नहीं आया, मगर मेरे पास ज़रूर आएगा, तो उसका गुस्सा और बूढ़े होने का गुस्सा मुझ पर निकालना चाहते हो? मैंने तो यही कहा कि गन्दगी मुझे पसन्द नहीं, मेज़ पर कुछ बर्तन पड़े हैं...। इसमें ऐसी क्या बात कह दी जो ठीक नहीं है...?

कालिदास : तुमने ऐसे नहीं कहा जैसे अब कह रही हो—तुम्हारे लहज़े में...।

रुचि : मेरे लहजे में ऐसा कुछ नहीं था। तुम्हें ऐसे ही खुन्दक हो रही है।

लड़के को अलग नहीं करना था—ताकि पोता यहाँ रहता।

कालिदास : मैंने नहीं किया अलग उसे।

रुचि : मैंने किया क्या?

कालिदास : हाँ! तुम्हीं ने किया। तुम्हीं ने बेचारी नीलिमा के नाक में दम कर रखा था। अपने को इतना सुपीरियर समझती हो, वो आज तक तुमसे घबराती है। और इस पर तुर्रा यह कि तुम...

रुचि : *(चमकती हुई उसे बीच में ही काट कर)* मैंने नहीं किया। तुम्हीं ने किया। तुम्हीं ने किया। और तुम्हें इसका अच्छी तरह से पता है।

कालिदास : मैंने तो इसलिए हाँ की थी कि वैसे साला रोज़-रोज़ का झगड़ा खत्म नहीं होगा। झगड़ा नहीं तनाव, क्योंकि वो झगड़ती नहीं थी। उसकी हिम्मत नहीं पड़ती थी।

रुचि : नहीं! नहीं!

कालिदास : हाँ! हाँ!

रुचि : *(माथा पीटती है।)* आय-हाय! जैसे दो नम्बर के कवि हो वैसे ही दो नम्बर के आदमी हो। तुम्हें किसी चीज़ का पता नहीं चलता।

कालिदास : *(गुस्से में खड़ा होकर)* घटिया कवि शायद हूँ—शायद क्यों, हूँ ही। मगर आदमी नकली नहीं हूँ। झूठा नहीं हूँ। और कहना नहीं चाहिए मुझे, अपनी तारीफ़ नहीं करनी चाहिए, मगर कहना पड़ रहा है कि हमदर्दी वाला हूँ। नकली-वकली नहीं हूँ। फिर ऐसा नहीं कहना!

(रुचि से आँखें मिलाता है।)

रुचि : **(** *ज़रा-सा व्यंग्य से मुस्कराकर* **)** आजकल तो होते जा रहे हो। कभी नकली,कभी असली।

कालिदास : *(तिलमिलाकर)* रुचि! रुचि! तुम कहाँ पहुँच रही हो!

(फिर ज़रा-से धीरे और उससे आँखें चुराता हुआ और ज़रा परे जाता हुआ) यह इस उम्र में हो जाता है। दूसरों की पत्नियों से पूछ कर देखो।

रुचि : मैं क्यों पूछूँ? फौरन समझ जाएँगी कि क्यों पूछ रही है। फिर तुम्हारी क्या रहेगी और फिर मेरी क्या रहेगी?

(कालिदास रुक जाता है और अख़बार उठाकर देखने लगता है और फिर बैठ जाता है। तभी दरवाज़े की घंटी बजती है।)

देखो कौन है?

कालिदास : तुम देखो। मैं चाय पी रहा हूँ।

(वह ठंडी चाय का गिलास उठाकर मुँह को लगाता है।)

रुचि : मैं चाय बनाने जा रही हूँ। मुझे दफ़्तर के लिए देर हो जाएगी। तुमसे

पहले पहुँचना होता है।

(वह थोड़ा अन्दर की तरफ बढ़ती है।)

कालिदास : मैं अख़बार भी पढ़ रहा हूँ।...शान्ति होगी।

(इसी बीच घंटी फिर बजती है।)

रुचि : शान्ति इतनी जल्दी नहीं आती, तुम्हें मालूम है।

(इस बीच घंटी ज़ोर से बजती है। और रुचि थोड़ी परवाह से उधर देख रही है। फिर घंटी जोर से लगातार बजने लगती है।)

रुचि : मैं ही जाती हूँ।

(कालिदास को विष्तृणा से देखती हुई दरवाज़े की तरफ़ बढ़ती है। अब तक घंटी पूरे ज़ोर से बजने लगती है। कालिदास भी खड़ा हो जाता है और दरवाज़े की तरफ़ देखता है और थोड़ा उस तरफ बढ़ जाता है।)

कालिदास : कौन है भई यह?

(रुचि दरवाज़ा खोलती है। आलोक अन्दर आता है। उसके कपड़े कल वाले हैं और मुचड़े-तुचड़े हैं और दाढ़ी के बाल उखड़े हुए हैं।)

रुचि : *(उसे देखकर गुस्से से मुँह मोड़ लेती है, कालिदास से)* मैं तो इनसे बात नहीं कर सकती। और मैं चाहूँगी कि तुम भी मत करो और इनको यहाँ से जाने के लिए और फिर कभी मत आने के लिए भी कह दो।

(आलोक आगे बढ़ता है।)

आलोक : मुझे मालूम है आप लोग मुझे ही दोष दे रहे होंगे—ज़्यादा दोष। और रुचि जी, मैं स्वयं भी आना नहीं चाहता था, अभी नहीं। इतनी जल्दी नहीं। मगर आना पड़ा। आपका फ़ोन शायद ख़राब है।

रुचि : *(गुस्से में)* फ़ोन-ओन कोई ख़राब नहीं है हमारा। आप...

आलोक : आपका गुस्सा समझता हूँ। मगर...

रुचि : *(बेहद गुस्से में और ऊँची लगभग हिस्टीरिकल आवाज़ में)* मगर वगर कुछ नहीं। आप—कालिदास कहने दो इसे—

(कालिदास कुछ बोलना चाहता है)

आलोक : *(हाथ उठाकर उसे रोकता है)* ठीक है। मैं जाता हूँ।

(वह एकाएक तेज़ी से जाता है।)

(अँधेरा होता है।)

दृश्य-दो

[राजेश कपूर के घर का ड्रांइग रूम। कुछ वैसा ही जैसा कालिदास का। मगर किताबों की रैक की जगह एक मेज़ है, जिस पर फ़ोटो वगैरह हैं और सोफ़ों और डाइनिंग टेबल वगैरह की सैटिंग अलग किस्म की। बाहरी दरवाज़े के आगे स्क्रीन नहीं है। राजेश सोफ़े पर बैठा व्हिस्की पी रहा है। सामने कौशल्या बैठी है, कुछ सोचती हुई। मेज़ पर व्हिस्की और सोडे की बोतलें रखी हैं और खाने के लिए मूँगफली और सलाद वगैरह। सामने टी.वी. है, मगर बन्द है।]

राजेश : *(व्हिस्की का घूँट भरकर)* ले लो, तुम भी ले लो। नींद अच्छी आएगी। आज तो साला टी.वी. भी ख़राब है कि उसे ही देखते रहो, जब तक नींद न आ जाए।

कौशल्या : तब भी कई बार कहाँ आती है?

राजेश : इसीलिए तो कह रहा हूँ।

कौशल्या : नहीं। मन नहीं कर रहा।

राजेश : ले लो! ले लो! रात को परेशानी से बचोगी तुम भी और मैं भी।

कौशल्या : परेशानी होगी तो आपको नहीं उठाऊँगी आज। और चक्कर लगाने की ज़रुरत पड़ी तो जुराबें ही पहन के लगाऊँगी ताकि आवाज़ न हो। और फ़्लश भी नहीं खींचूँगी। सुबह ही खींचूँगी।

राजेश : मैं वो बात नहीं कर रहा कौशल्या। मेरा मतलब वो नहीं था।

कौशल्या : नहीं, नहीं, कई बार इससे ज़्यादा बेचैनी भी हो जाती है। मैं इस चीज़ को अभी तक नहीं समझ नहीं पायी हूँ। कभी कुछ असर करती है और कभी कुछ।

राजेश : *(मुस्कराता है)* धीरे-धीरे समझ जाओगी। अभी नौसिखियन हो। बड़े-बड़े समझ गये। और मैं कहता हूँ, आज खाना नहीं बनाना। लक्ष्मी भी नहीं है। बाहर से मँगाते हैं। घर का खाते-खाते बोर गये।

कौशल्या : कहाँ बोर हो गये! ज़्यादातर तो बाहर ही खाने लगे हैं। इतना हैवी होता है कि मुझे दूसरे दिन नाश्ते का फ़ाका करना पड़ता है।

राजेश : चीनी खाते हैं—हल्का होता है। पिछली बार, ऐसे ही मोतीमहल का मँगा लिया...

कौशल्या : नहीं, नहीं। मैं बनाती हूँ। कुछ हाथ-पैर भी हिलाऊँ। बैठी-बैठी और

मोटी हो रही हूँ। और फिर बाहर का खाना इतना महँगा होता है।

राजेश : मारो गोली महँगे-शहँगे को। किसी चीज़ की कोई भी कमी नहीं है। कम से कम दस साल तक बैठे-बैठे सूद पर खा सकते हैं और फिर असल पर कुछ साल। उसके बाद घर बेच सकते हैं। इतने साल कहा जिएँगे। और फिर किसके लिए छोड़के जाएँगे। वो दोनों तो अमेरिका से अब वापस आने से रहे।

कौशल्या : असल में, अभी पहला ख़्याल खर्चे का ही आता है। अपने को बताना पड़ता है कि किसी चीज़ की कोई कमी नहीं है।

राजेश : सिवाय जीने की।

(तभी बाहर से दरवाज़े की घंटी बजती है।)

कौशल्या : लो जी, कोई जिलाने के लिए आ गया।

राजेश : या मारने के लिए दो बूढ़ों को अकेले घर में। कौन हो सकता है?

(थोड़ा घबराकर दोनों एक-दूसरे को देखते हैं।)

चौकीदार तो नहीं है? गाड़ी तो खुली नहीं रह गयी तुमसे?

कौशल्या : आपसे रहती है। मुझसे कभी नहीं।

(फिर घड़ी देखकर)

मगर अभी चौकीदार का वक़्त कहाँ हुआ है। साढ़े सात बजे हैं। यों लगता है काफ़ी रात हो गयी है। यह इलाक़ा भी कितना सूना है! शाम को ही लगता है मर गया है। बड़े प्लाट वाले इलाकों की यही दिक़्क़त है।

(आकर दरवाज़े की तरफ़ बढ़ती है।)

राजेश : ज़रा ध्यान से। पहले पूछकर, फिर खोलना। कहीं कोई वाकई बूढ़ों को क़त्ल करने वाला न हो। उनको क्या मालूम कि हमने घर में कुछ नहीं रखा हुआ है। मेरा ख़्याल है, बाहर कोई तख़्ती वगैरह लगवा देते हैं कि इस घर में जेवर और कैश नहीं है। मगर मानेगा कौन? चोर उल्टा ही समझेंगे और सबसे पहले यहीं आएँगे।

कौशल्या : *(डरकर रुक जाती है और पीछे पति को देखती है)* आप भी आ जाओ। साँकल भी तोड़ सकता है-ज़ोर से धक्का मारके। साँकल ज़रा मज़बूत लगवाओ। आपसे कहा भी था।

राजेश : करवाता हूँ यह काम। कल ही करवाता हूँ। कल के एजेंडे पर यह काम आ गया। पिछले कमरे की फ़्लश भी खराब है। दो काम हो गये—कल के लिए।

(तभी बाहर से घंटी फिर बजती है। कौशल्या तन जाती है

और दरवाज़े के पीछे से एक डंडे को उठा लेती है और पति को देने के लिए उसका इन्तज़ार करती है।)

राजेश : *(उठकर उसकी तरफ बढ़ता है और उससे डंडा लेकर)* मगर कौशल्या, यह सब दर्शनी है। कहाँ चलेगा डंडा हमसे।

कौशल्या : आप पूछो कौन है? मर्दानी आवाज़ से फर्क पड़ता है, आपकी आवाज़ भारी भी है...

राजेश : आवाज़ भारी है? हम भी साले भारी हैं और भार हैं।

(फिर ज़रा आगे बढ़कर और आवाज़ ऊँची और रोबदार करके)

कौन है भई?

आलोक : *(बाहर से)* मैं आलोक।

(राजेश और कौशल्या राहत की साँस लेते हैं और साथ ही मुस्कराते हैं। राजेश आगे बढ़कर दरवाजा खोलता है। डंडा कौशल्या को दे देता है। आलोक अन्दर आता है।)

राजेश : आ जाओ! आ जाओ! *(आलोक का मुँह देखता है और उसका हाथ पकड़ लेता है।)*

बात नहीं बनी न? नहीं बनी न?

आलोक : नहीं।

राजेश : मुझे पहले ही पता था। मैं कौशल्या से कह ही रहा था। क्यों कौशल्या?

(कौशल्या 'हाँ' में सिर हिलाती हैं और डंडे को वापस कोने में रख देती है। वह सोफ़े की तरफ बढ़ती है।)

राजेश : *(कौशल्या से-जो पीछे होती है) चलो भई कौशल्या*—एक गिलास और दे दो और सोडा भी। एक दुखिया और आ गया। अपने लिए भी ले ही लो।

(आलोक और राजेश बैठ जाते हैं—आमने-सामने। कौशल्या गिलास, सोडा वगैरह लेने जाती है, जिन्हें वह तुरन्त ही ले आती है, क्योंकि वे डाइनिंग टेबल पर ही पड़े होते हैं। और राजेश के पास बैठ जाती है। राजेश दोनों गिलासों में व्हिस्की डालता है और फिर सोडे की बोतलें खोल, सोडा। आलोक के गिलास में ज़्यादा, कौशल्या के गिलास में कम। दोनों उसको ऐसा करते देखते हैं। राजेश आलोक को गिलास देता है, फिर कौशल्या को।)

राजेश : *(गिलास उठाकर)* चीयर्स!

(कौशल्या मुँह से नहीं बोलती और आलोक की तरफ देखती हुई गिलास ज़रा-सा उठा लेती है।)

आलोक : *(गिलास उठा कर बिना चीयर्स का जवाब दिये हुए एक बड़ा घूँट पीता है और गिलास को 'ठक' करके मेज़ पर मारता-सा रखता है। उसके चेहरे पर कष्ट ज़्यादा कड़वाहट से उभर आता है। वह कुछ कहना चाहता है, मगर चुप रहता है।)*

कौशल्या : *(आलोक की तरफ देखती है और उससे कुछ कहने के लिए मुँह खोलती है, मगर फिर उसके चेहरे पर कष्ट देखकर मुँह मोड़कर पति को देखती है।)* मेरे माँ-बाप अगर स्वर्ग में देख रहे होंगे तो क्या कहेंगे?

राजेश : अरे, स्वर्ग में तो बैठी ही हो।

(व्यंग्य से हँसता है। आलोक नहीं हँसता। फिर आलोक की तरफ देखकर)

अच्छा किया आलोक, तुम यहाँ आ गये। बहुत अच्छा किया। शाम ठीक से कट जाएगी तुम्हारी भी और हमारी भी। आज हमारा साला टी. वी. भी काम नहीं कर रहा।

कौशल्या : *(स्तब्ध—सी रहकर)* आप क्या कह रहे हैं?

राजेश : मैं ठीक कह रहा हूँ।

कौशल्या : कुछ तो ख़्याल कीजिए। उस पर क्या बीत रही है और आपको शाम ठीक से बिताने की पड़ी है। सिनिक हो गये हैं आप?

राजेश : मैं हमेशा फ्रैंकली बात करता हूँ। लाग-लपेट नहीं आती मुझे। क्यों आलोक, मैंने तुम्हें पहले ही कहा था न कि तुम्हारी इस औरत से नहीं पट सकती। कभी नहीं। कभी नहीं। अगर अब सुलह हो भी जाती तो फिर झगड़ा होता, फिर अलग हो जाते।

कौशल्या : आप हद करते हैं! आप बिल्कुल हद करते हैं।—बेचारा...इतना... *(यहाँ आलोक की तरफ़ हमदर्दी से देखकर)* बात बिल्कुल नहीं बनी क्या?

आलोक : *(कौशल्या की हमदर्दी उसे नापसन्द आती है। वह उसकी तरफ से थोड़ा हट-सा जाता है, थोड़ा पीठ कर लेता है और रुखाई से बोलता है)* नहीं। बिल्कुल नहीं।

(फिर वह मुँह परे कर लेता है जैसे कह रहा हो कि इस तरह से मत बात करो।)

कौशल्या : मेरा मतलब...

(वह आगे नहीं बोलती। तीनों चुप हो जाते हैं। अलबत्ता तीनों पर चुप्पी छा जाती है। तीनों व्हिस्की का एक-एक घूँट और पीते हैं—आलोक फिर ज़रा बड़ा पीता हैं और कौशल्या पीते वक़्त हल्का—सा मुँह बनाती है, क्योंकि व्हिस्की उसे वास्तव में ऐसे अच्छी नहीं लगती। वह सलाद वगैरह की प्लेट आलोक की तरफ़ सरकाती है और इशारे से उसे कुछ लेने के लिए कहती है। आलोक हाथ के इशारे से मना करता है।)

राजेश : अरे आलोक...!

आलोक : अरे सब ठीक है। सब ठीक है। कोई और बात करो।

राजेश : मैं तो और ही बात करने जा रहा था—मैं तो वही करने जा रहा था...

(तभी बाहर की घंटी बज उठती है।)

राजेश : अब कौन आ गया? आज तो भगवान हमारी सुन रहा है। मगर ठीक वक़्त पर नहीं सुनी...देखो कौशल्या कौन है?

(कौशल्या उठती है और जाकर दरवाज़ा खोलती है। ज्ञान खन्ना अन्दर आता है। वह एक लम्बा ऊँचा प्रियदर्शन आदमी है, जो बावजूद साठ का होने के चुस्त-दुरुस्त है। उसके बाल भी ज़्यादा सफ़ेद नहीं हैं। और पूरे के पूरे हैं। उसकी मूँछें बालों से ज़्यादा खिचड़ी हैं।)

ज्ञान : नमस्ते भाभी जी!

(फिर थोड़ा आगे आकर)

अरे वाह! अरे वाह! आलोक भी है! वाह!

(आलोक और राजेश खड़े हो चुके होते हैं। वह उनसे बारी-बारी से गले मिलता है।) अरे वाह! वाह आलोक! तुम भी मिल गये। कालिदास होता तो और भी अच्छा होता। मगर ख़ैर...! भई, मैं अभी आता हूँ। ड्राइवर को भेज दूँ। सीधा लुधियाना से आ रहा हूँ। ठीक जगह पार्क कर आऊँ। यही देखने के लिए आया था—यों तो बाहर से रोशनी दिख गयी थी, मगर सोचा, रोशनी जला के और बाहर से ताला मार के या सिर्फ़ नौकरानी को छोड़ कर कहीं गये न हुए हों। बस अभी आया। अभी आया गाड़ी पार्क करके।

(वह बाहर जाता है।)

राजेश : *(आलोक से)* आ गया मिस्टर परफ़ैक्ट, मिस्टर सम्पूरण सिंह, मिस्टर पतंजलि! मिस्टर धनवन्त्री! मिस्टर डॉक्टर पालिंग! मिस्टर फ्रायड! मिस्टर टाटा! मिस्टर अम्बानी! वग़ैरह-वग़ैरह...

अरे आलोक! इसकी साले की आज हो जाए। इसकी आज ही हो जाए। साला! इसको देख के हमेशा लगता है या इसके बारे में सोच के भी लगता है कि हममें से यही ठीक निकला। हम तो ख़त्म हैं। यह ठीक निकला। साला एहसास भी यही कराता है, हमेशा हमसे ऊपर होने का, बेहतर होने का। आज परेशान लग रहा है। थकावट भी हो सकती है। मगर बोलता वैसे ही है।

आलोक : *(एकाएक उत्साहित होकर)* हाँ, हो जाए राजेश। मैं कहता हूँ, हो जाए।

(दोनों एक-दूसरे के हाथों पर हाथ मारते हैं।)

बाँधते हैं साले का मक्कू आज! साला हर वक़्त, हर बात पर सलाह देता है। यह कर लो। वह कर लो। चाहे स्पांडेलाइट्स हो या हार्ट ट्रबल या पेट ख़राब हो या डिप्रेशन हो या प्रेम की पीड़ा हो या पैसे की कमी हो—हमेशा साला कहता है यह कर लो, फलाँ आसन कर लो, फलाँ दवा कर लो, शीर्षासन कर लो, 'गोमुख' आसन कर लो, यह कर लो—मैंने ऐसा किया तो ठीक हो गया, वैसा किया तो ठीक हो गया। लहसुन खा लो। बीवी को खुश रखो कभी-कभी गहने देकर, और पैसे वहाँ लगाओ। सरकार में मत लगाओ। यह बिज़नेस कर लो, वह कर लो। नौकरी में क्या रखा है। *(ज़ोश में आकर)* पिछली बार, पता है मुझे क्या कहता रहा साला...कहता रहा तुम्हें बीवी रखनी नहीं आती आलोक! तुम्हें बीवी रखनी नहीं आती। जैसे बीवी न हो कुत्ता-बिल्ली हो या मेज़-कुर्सी। आज इसका मक्कू बाँधते हैं।

(वह फिर राजेश के हाथ पर हाथ मारता है।)

कौशल्या : *(उनसे राग मिलाती हुई)* और शुरू-शुरू में जब पूछो आप कि ज्ञान भाई साहब कैसे हो तो हर वक़्त कहता था फ़ाइन! फ़ाइन! मैं हमेशा फ़ाइन रहता हूँ।

(यहाँ कौशल्या उसकी नकल उतारती है। इस पर राजेश और आलोक हँस पड़ते हैं और कौशल्या भी।)

राजेश : अरे कौशल्या! कौशल्या...तुम भी! ठीक है! वाह! वाह! देखा आलोक! देखा कौशल्या को। यह भी। यह तो किसी का मज़ाक नहीं उड़ाती, नहीं उड़ा सकती—मेरा भी नहीं, वरना इस उम्र में आकर औरतें पतियों का तो ख़ासतौर से...देखा! देखा आलोक!

कौशल्या : यह पहले था—। अब नहीं रहा। मगर लगता है अन्दर अभी भी यह काँटा है—अपने को बहुत बेहतर समझता है।

राजेश : ठीक है, आने दो साले को। मिस्टर परफ़ैक्ट! मिस्टर फ़ाइन! मिस्टर टनाटन! मिस्टर उत्कृष्ट!

कौशल्या : ऐसा करो, लक्ष्मी को पीछे से बुला लो। इसके बदले उसे फिर किसी दिन छुट्टी दे देंगे—

(कौशल्या पीछे को जाती है।)

आलोक : साला कहता है मुझे बीवी रखनी नहीं आती। रखनी!

(वह व्हिस्की का बड़ा घूँट लेता है और फिर खुद ही बोतल से और व्हिस्की डालता है अपने गिलास में भी और राजेश के गिलास में भी। और फिर सोड़ा भी। इसी वक़्त ज्ञान अन्दर आता है और पीछे से कौशल्या भी। इसके साथ लक्ष्मी भी जो आकर एक तरफ़ खड़ी हो जाती है। लक्ष्मी बत्तीस वर्ष की औसत प्रकार की औरत है।)

ज्ञान : गाड़ी पार्क करने में देर हो गयी।

(वह गाड़ी की चाबी मेज़ पर रख देता है। फिर तीनों बैठ जाते हैं। कौशल्या भी बैठ जाती है। ज्ञान आलोक के पास बैठता है।)

आलोक : *(चाबी की तरफ़ इशारा करके)* आज कौन-सी है ज्ञान? टोयोटा कि मर्सीडीज़ पर पहुँच आए। या वो कौनसी है लैकसस पर?

ज्ञान : नहीं भाई! अभी नहीं! यह तो पुरानी मारुति ही है—बाक़ी जो है सो...

(मगर वह बात पूरी नहीं करता। जेब से रूमाल निकाल अपना मुँह साफ करता है।)

राजेश : इसके पहले कि तुम्हें कुछ पेश किया जाए तुम हाथ-मुँह नहीं धोओगे आज? मैं तो तुम्हारे उस फ़िकरे का इन्तज़ार कर रहा था जो तुम किसी के घर जाने पर उसके बाथरूम में हाथ-मुँह धोकर कहते हो कि भई, मैं तो घंटा-डेढ़ घंटा बाहर रह लूँ और किसी के घर जाऊँ या अपने घर या दफ़्तर वापस आऊँ तो सबसे पहले हाथ-मुँह धोता हूँ। अदरवाइज़ फ्रैश फील नहीं करता। मैं लोगों की तरह मैला-शैला बना नहीं रह सकता। चेहरे पर पर्त—एक महीन पर्त—।

(राजेश मुस्कराता है। साथ ही, आलोक और कौशल्या भी)

ज्ञान : इन बातों का जवाब बाद में दूँगा। इसको लेकर बाद में जलवेबाज़ी होगी। मैं तुम लोगों का मूड समझ गया हूँ, मगर अभी नहीं। अभी नहीं।

(फिर कुछ देर रुककर और चिन्तित चेहरे से)

असल में, मेरे पीछे कुछ लोग लगे हुए हैं। इसीलिए राजेश, गाड़ी मैंने पास वाली लेन में रखी है, वो भी ज़रा आगे करके। तुम्हारे घर के आगे या पास मेरी गाड़ी देखकर वो यहीं आ धमकेंगे। सेफ़ होगी न?

राजेश : हाँ-हाँ, होनी चाहिए। मगर क्यों? कौन पड़ा हुआ है तुम्हारे पीछे?

(तीनों उत्सुकता से उसे देखते हैं।)

ज्ञान : *(एकाएक अपने कोट की जेब से रिवाल्वर निकालता है और मेज़ पर रख देता है। उसके बाद अन्दर की जेब से छोटा चाकू निकालता है और उसे भी मेज़ पर रख देता है— चाकू नंगा है।)*

यह देखो! अपने बचाव के लिए क्या करना पड़ रहा है। यह लोडेड है *(रिवाल्वर को खोलकर उन्हें दिखाता है)* और चाकू इसलिए कि अगर वे रिवाल्वर छीन लें या गोलियाँ खत्म हो जाएँ और वे फिर भी बने रहें और झपटें मुझ पर तो—जैसे फ़ौज में होता है—

(उसके चेहरे पर तनाव उभर आता है।)

आलोक : मगर वो कौन है?

राजेश : ऐसा कौन है?

ज्ञान : *(आलोक को, राजेश को, फिर कौशल्या को देखकर राजेश को थोड़ा रहस्य बताने के अन्दाज़ से)* मेरा लड़का और बीवी।

राजेश : लड़का और बीवी? तुम्हारा अपना लड़का और तुम्हारी अपनी बीवी? वो तो...

ज्ञान : हाँ, दोनों मिल गये हैं। मुझसे ज़बर्दस्ती जायदाद और बिज़नेस के कागज़ात पर दस्तख़त करवाना चाहते हैं। लड़का गुंडा है और उसकी माँ उसके साथ है...कुछ कागज़ात पर उसने साइन करा भी लिये थे। फिर मैं भागा आज सुबह मुँहअँधेरे। मैं साइन नहीं करूँगा। मैं उसका क़त्ल कर दूँगा, मगर साइन नहीं करूँगा।

राजेश : मगर तुम तो कहते थे कि सब ठीकठाक है। अंडरकंट्रोल है। नो प्राब्लम है, कि फ़ाइन है! कि लड़का और पत्नी दोनों असील हैं, गाय हैं।

ज्ञान : *(राजेश की बात से थोड़ा घबराकर)* पिछले दो-एक साल से गड़बड़ चल रही थी, मगर मैंने सोचा था कि फ़तह पा जाऊँगा।

राजेश : *(निर्दयता से)* और फ़तह वो पा रहे हैं। *(हँसता है)* और फ़तह वो पा रहे हैं।

(एकाएक खड़ा हो जाता है और मानो ज्ञान को ऊपर से नीचे देखने के लहज़े में देखता है। ज्ञान के बेहतरपने को ख़त्म होता

देखता है।)

ज्ञान : अरे कुछ डिसीजंस मैंने ऐसे लिये जिनकी वजह से घाटा पड़ा। मगर यह तो होता ही रहता है। इसके पहले भी कई बार हुआ है। व्यापार है, कोई सीधी सड़क नहीं। और सारा व्यापार मैंने खड़ा किया है ज़ीरो से। एकदम ज़ीरो से, बल्कि ज़ीरो से भी नीचे से; क्योंकि तुम्हें मालूम है मेरे पास एक पैसा नहीं होता था। उधार लेकर खड़ा किया। थोड़ा तुमसे भी लिया था। वो साले कहते हैं कि अब मैं बूढ़ा हो गया हूँ। काम लड़के को सँभाल दूँ या उनकी सलाह से किया करूँ। अरे सालो! तुम लोगों को क्या पता बिज़नेस क्या होता है। लड़का साला आवारा है, गुंडा है और बुरी सोहबत में है—उसे क्या पता काम क्या होता है। ठीक है मुझसे कुछ बातें ग़लत हो गयीं, थोड़ा घाटा पड़ गया।

(थोड़ा रुककर और ज़्यादा तीव्रता से)

लड़के ने कुछ कागज़ात पर साइन करा लिये, छुरा गले पर रखकर। मगर बाकी मैं नहीं करूँगा। बाकी पर नहीं करा सकते। और मेरी बीवी, उसकी माँ माया, वो भी उसके साथ है। ऊपर से कहती है कि नहीं है, कि नहीं है, कि इसे मत देना, यह उजाड़ देगा। मगर भीतर से। मैं कहता हूँ आलोक, क्या होगी तुम्हारी बीवी उसके सामने। क्या चालबाज़ औरत है। मेरी दुश्मन। हरामज़ादी...और मुझे हमेशा शक़ रहता है कि शायद वह ऐसी नहीं है।

आलोक : *(गिरे हुए पर वार करता है)* तुम तो कहते थे कि मुझे बीवी रखनी नहीं आती और कि तुम्हारी बीवी असील है। मजाल है तुम्हारे बग़ैर चूँ भी करे।

ज्ञान : तब लगता था। तब यही लगता था। मगर अन्दर से क्या चालबाज़ निकली...अन्दर से क्या चालबाज़ निकली। या लगती है। मगर लड़का तो—साले का, हरामी का नाम हमने अमन रखा पर जंग निकला, एकदम जंग निकला, दुर्योधन निकला।

(उठकर खड़ा हो जाता है।)

मैं कहता हूँ दोनों ने मिल के मुझे दिन में तारे दिखा दिये। मगर मैं भी सालों को नहीं छोड़ूँगा। नहीं छोड़ूँगा। ख़त्म कर दूँगा।

(वह बेहद तनाव में आ जाता है और उसी तनाव में झुककर मेज़ से रिवाल्वर उठा लेता है और उसे जेब में डालता है और फिर चाकू को भी, कहीं इस डर से भी कि वो दोनों, राजेश और आलोक ही उन्हें

कहीं उठा न लें, उन्हें शक़ की नज़र से देखता है। मगर वे दोनों और कौशल्या अब उसे हैरानी और दिलचस्पी से देखने लगते हैं।) अब तो मैंने सोच लिया है कि जैसे ही वो नज़र आएँगे वैसे ही मैं ऐसे रिवाल्वर निकालूँगा और फ़ायर कर दूँगा—

(वह फुर्ती से रिवाल्वर निकालता है और सामने काल्पनिक पत्नी और लड़के पर तानता है। कुछ देर तक ताने खड़ा रहता है, फिर एकाएक खिड़की के पास जाता है और एक गोली चलाता है, जिसमें तीनों तन जाते हैं) ऐसे ठाँ! ठाँ! कर दूँगा। अभी तो एक चलायी, फिर सारी की सारी खाली कर दूँगा।

या फिर... *(वह वापस मुड़ता है और आकर एकाएक अपना रिवाल्वर मेज़ पर रख देता है और चाकू निकालता है और अपने काल्पनिक लड़के और पत्नी पर बेतहाशा वार करता है। मुँह से शूँ! शूँ! करके आवाज़ भी करता है। तीनों— राजेश, आलोक और कौशल्या पहले तो भौचक्के होकर उसे देखते रहते हैं, फिर एकाएक राजेश व्यंग्य से हँसने लगता है।)*

राजेश : *(हँसते हुए)* साले, फँस गया! फँस गया! पागल हो रहा है! पागल हो रहा है! कि हो गया है?

ज्ञान : *(मुड़कर तीखेपन से उसे देखता है और उन तीनों को लगता है, जैसे ज्ञान बेहद गुस्से में आ गया है और उस पर छुरे से वार करेगा। मानो उसी को बचाने के लिए कौशल्या राजेश की छाती पर अपनी बाँह रखकर उसे पीछे हटाना चाहती है।*

एकाएक तनाव बढ़ जाता है। राजेश और ज्ञान एक-दूसरे को घूरते हुए खड़े रहते हैं और बाकी दोनों मानो साँस रोके। कौशल्या की बाँह राजेश की छाती पर ही मानो अटक जाती है। कुछ क्षण ऐसे ही रहता है।

तभी फ़ोन की घंटी बज उठती है। दोनों ढीले पड़ने लगते हैं मगर ज़्यादा नहीं, जिसकी वजह से कौशल्या फ़ोन को कुछ देर तक बजने देती है। फिर जब कुछ क्षण के बाद वे मानो नॉर्मल हो जाते लगते हैं, वह जाकर फ़ोन उठाती है।)

कौशल्या : हैलो! हैलो! कौन...माया। *(फ़ोन पर हाथ रखती है और ज्ञान की तरफ देखती है...)* माया का फ़ोन है चंडीगढ़ से। हाँ कैसी हो माया? हम ठीक हैं!—कौन...ज्ञान जी... *(ज्ञान की तरफ देख रही होती है। ज्ञान उसे इशारा कर देता है कि वह यहाँ नहीं है।)* यहाँ तो नहीं आये। क्यों क्या बात है? बड़ी परेशान लग रही हो? ख़ैर तो

है?...क्या? अमन का एक्सीडेंट हो गया? कैसे? कहाँ? हालत—पी.जी.आई. में है। आईसीयू में—बुरी खबर है, बहुत बुरी! ज्ञान जी आएँगे तो...

(तभी ज्ञान झपट के उससे फ़ोन ले लेता है।)

ज्ञान : मैं बोल रहा हूँ। क्या हुआ? कैसे? पीके चला रहा होगा, साला... लुधियाना से चंडीगढ़ क्यों ले गये? *(यहाँ कुछ देर सुनता है)* चंडीगढ़ जा रहे थे मुझे ढूँढ़ने। चंडीगढ़ जा रहे थे। चोट ज़्यादा लगी है क्या? डॉक्टर क्या कहता है? डॉक्टर क्या कहता है?...मैं ठीक हूँ। अभी पहुँचा हूँ। रास्ते में करनाल रुक गया था। मैं आता हूँ, रोने की क्या बात है। उसको अक़्ल दे कुछ। हर काम बे-अक़्ली से करता है। गाड़ी इतनी तेज़—मैं आता हूँ—भई चलता हूँ—*(ज्ञान फ़ोन रख देता है।)*

राजेश : कैसे हुआ?

ज्ञान : हैड ऑन कोलिज़न! दूसरी मारुति से, बहुत चोटें लगी हैं, मेरे ही पीछे चंडीगढ़ जा रहे थे। उन्होंने सोचा, मैं चंडीगढ़—मगर, मगर—*(एकाएक वह रुक जाता है।)* मगर...कौशल्या जी, अभी आपको माया की आवाज़ कैसी लगी?

कौशल्या : *(उसकी तरफ़ ना-समझती देखती है)* मतलब?

ज्ञान : मेरा मतलब है कि अब मुझे लग रहा है कि उसकी आवाज़ में वो बात नहीं थी जो इतने बड़े एक्सीडेंट होने पर होती है। रो तो वो रही थी—मगर...मगर...पता नहीं, मुझे लग रहा...

कौशल्या : लग तो रहा था कि दुखी है और फिर कोई, वह भी एक माँ ऐसे ही कभी झूठ-मूठ भी नहीं कहेगी, नहीं कह सकती कि उसके बेटे का एक्सीडेंट हो गया।

ज्ञान : *(एकाएक माथा पकड़कर धम्म से बैठ जाता है)* वो ऐसा कर सकती है, वो करवा सकता है। कहीं साला षड्यन्तर न हो। कहीं साली कान्सपिरेसी न हो, मुझे चंगुल में फँसाने की, चंडीगढ़ बुलाने की।

(एकाएक उठ खड़ा होता है।)

पता नहीं, मुझे उसकी आवाज़ में कुछ अजीब लग रहा था—*(फिर तेज़ी से फ़ोन की तरफ जाता है)* राजेश, तुम्हारे फ़ोन पर एस.टी.डी. है...कि कालिदास की तरह...

राजेश : है।

ज्ञान : चंड़ीगढ़ फ़ोन करता हूँ। *(वह चंड़ीगढ़ का नम्बर मिलाता है।)* घंटी

जा रही है। उसकी बहन वहाँ रहती है, मेरी साली। घंटी बज रही है। अभी पता चल जाता है। अभी चल जाता है। घंटी बज रही है। कोई नहीं उठा रहा। कोई नहीं उठा रहा। इसका मतलब है कि सारे गये होंगे अस्पताल। मगर नौकर तो होगा कोई। नौकर तो घर पर रहते हैं, मगर कई बार वो बन्द कर जाते हैं या घर के नौकर पीछे अपने क्वार्टर्स में होते हैं या फिर नौकर भी कहीं चले गये होंगे।

(कुछ देर तक घंटी और बजने देता है।)

कहीं गलत नम्बर तो नहीं लग गया?

(फ़ोन काटकर फिर मिलाता है धीरे-धीरे। और फिर कुछ देर तक घंटी बजती है। कोई नहीं आता।)

और अभी माया तो वहीं थी। इतनी चुस्ती से जाने वाली वो नहीं है। निकलते-निकलते दस-पन्द्रह मिनट लगा देती है...मगर वो बाहर से कर रही हो सकती है। अस्पताल से ही...मगर पता नहीं राजेश, मुझे लगता है, लगने लगा है कि यह सब एक चाल है, सब कान्सपिरेसी है। अब जाऊँ कि नहीं? जाऊँ कि नहीं?

(वापस आकर अपनी जगह पर बैठ जाता है। फिर खड़ा हो जाता है और इधर-उधर परेशानी से चलता है।)

समझ में नहीं आ रहा कि क्या करूँ। राजेश, और पता है इस वक़्त मुझे क्या याद आ रहा है? पता है क्या याद आ रहा है? बाप रे बाप! पता नहीं यह ज़िन्दगी क्या है! हमारी गली में एक हलवाई होता था लुधियाना में। पुराने घर के पास। उसने अपने बूढ़े बाप को, जो दुकान पर काम नहीं कर पाता था, चलती गाड़ी से धक्का दे दिया था।— यही याद आ रहा है—यही याद आ रहा है...

(वह भयभीत—सा सबको देखता है और परेशानी की हालत में आकर फिर अपनी जगह पर बैठ जाता है। बाकी तीनों खड़े रहते हैं। एकाएक उसे देखता-देखता राजेश हँसने लगता है।)

ज्ञान : साले, मेरा बुरा हाल है और तुझे हँसी आ रही है?

राजेश : *(हँसता हुआ)* तुम्हें फँसा हुआ देखकर मज़ा आ रहा है! एकदम मज़ा आ रहा है। क्यों आलोक?

(आलोक हाँ में सिर हिलाता है।)

हमने तो समझा था कि तुम टनाटन हो, फाइन हो, दुनिया पर चढ़े हुए हो, टनाटन हो, फ़ाइन हो, मिस्टर टनाटन! मिस्टर फ़ाइन!

कौशल्या : क्या कह रहे हैं आप? क्या कह रहे हैं आप?

(वह आगे बढ़ कर पति के मुँह पर हाथ रखती है। वह हाथ हटा देता है। वह फिर रखती है।)

राजेश : तुम्हें फँसा हुआ देखकर बड़ा ही मज़ा आ रहा है। सच बड़ा मज़ा आ रहा है।

(मगर तभी उसके सीने में, एकाएक बड़ा दर्द उठता है। और वह उसे पकड़कर 'हाय! हाय!' करता है और धम् से बैठ जाता है। आलोक और कौशल्या उसे लपककर पकड़ते हैं। 'क्या हुआ?' 'क्या हुआ?' कहते हुए। राजेश 'हाय! हाय!' 'अह् अह्' करके सर हिलाता है।)

ज्ञान : मेरा ख्याल है इसे हार्ट अटैक हुआ है। डॉक्टर को बुलाओ! जल्दी!...

(अँधेरा होता है। परदा गिरता है।)

दृश्य-तीन

[लगभग दो महीने के बाद। शाम का वक़्त। कौशल्या का ड्राइंग रूम, जिसमें एक तब्दीली यह है कि एक दीवान भी लगा दिया गया है—बड़े तकियों के साथ। गाव नहीं।

कौशल्या दीवान पर अकेली बैठी है, चिन्ता में डूबी हुई। हल्का अँधेरा है। एकाएक रसोई से कुछ गिरने की आवाज़ आती है तो वह चौंकती है और फिर अपने आप में आती है और बत्ती जलाती है, साथ ही रोशनी को हाथ जोड़कर नमस्कार करती है। फिर इधर-उधर घूमती है। वह अभी भी काफ़ी चिन्तित है। अचानक उसकी निगाह डाइनिंग टेबल के नीचे पड़े सिर के बालों के ब्रश पर पड़ती है। वह उसे उठाती है।]

कौशल्या : *(ज़ोर से)* लक्ष्मी! लक्ष्मी!...क्या गिरा था?

लक्ष्मी : *(अन्दर आकर)* पतीला हाथ से छूट गया था।

कौशल्या : *(कुछ क्षण उसे देखती रहती है, जिससे लक्ष्मी झेंपती है।)* यह देख लक्ष्मी! वह अपना बुर्श भूल गयी है। पर नीचे कैसे पहुँच गया? वो जो सुबह आये थे नीरू और अनिल, उनका लड़का खेल रहा था इससे। मैंने तो सारा देख लिया। तू भी एक बार फिर देख ले। कहीं कोई चीज़ छूट न जाए उनकी। और इसे उनके सामान पर रख दे अन्दर।

लक्ष्मी : सब पैक किया हुआ है मम्मी जी—सोनिया दीदी ने और छोटे बाबू ने। एक भी चीज़ इधर-उधर नहीं है।

कौशल्या : मुझे मालूम है। बड़ी होशियार है मगर फिर देख ले...पर यह बुर्श—

लक्ष्मी : मुझे लगता है इसे वो नहीं ले के जाएँगी। क्योंकि उन्होंने आज एक नया निकालकर बालों को कँघी की थी और फिर हैंड-बैग में रख लिया था। लाल वाला। यह घिसा हुआ है।

कौशल्या : फिर भी इसे तू उनके सामान के ऊपर रख दे।

लक्ष्मी : मम्मी जी! एक स्वेटर भी अलमारी में लटक रहा है। कह रही थीं दीदी जी कि तुझे दे के जाऊँगी, लक्ष्मी। मगर अभी तक दिया नहीं। इसलिए मैंने लिया नहीं।

कौशल्या : कहाँ लटक रहा है? मैंने तो सब देखा। मुझे तो नज़र नहीं आया।

(लक्ष्मी फुर्ती से जाती है और हैंगर में लटका हुआ स्वेटर लाकर दिखती है।)

लक्ष्मी : दीवार के ऐन साथ में चिपका-सा था।

कौशल्या : पता नहीं, मेरी नज़र से कैसे बच गया। ठीक है, इसे भी तू उनके सामान के ऊपर ही रख दे। और सुन, माँगना नहीं दीदी से। अपने आप देगी तो ठीक है, नहीं तो मैं दे दूँगी। पता नहीं दीदी क्यों कहती है। छोटी है तेरे से।

लक्ष्मी : आपको मालूम है, मैं कुछ नहीं माँगती, मम्मी जी! यह तो है। *(पहने हुए स्वेटर की तरफ इशारा करती है)* आप ने ही दिया था—

कौशल्या : *(उसके स्वेटर को पल भर देखती है)* सूप और सैंडविच वगैरह तैयार हैं न?

लक्ष्मी : हाँ, मम्मी जी! सब तैयार है। सूप हल्की आँच पर रखा है। मम्मी जी, आप तो कह रही थीं, वो लोग शायद एक हफ़्ता और रुक जाएँ?

कौशल्या : पता नहीं! पता नहीं लक्ष्मी! रुकना तो चाहिए, क्योंकि बाबू जी की तबीयत अभी भी उतनी अच्छी नहीं है—मगर पता नहीं...।

(चिन्ता करती है।)

लक्ष्मी : आपके लिए चाय लाऊँ? थकी लग रही हैं?

कौशल्या : नहीं-नहीं! वो लोग आते ही होंगे। साथ-साथ ही पिएँगे। *(फिर ज़रा रुककर)* अच्छा जा, बना ला एक प्याला। पता नहीं उनको इतनी देर क्यों हो रही है।

(लक्ष्मी जाने लगती है। तभी बाहर की घंटी बजती है। लक्ष्मी दरवाज़ा खोलने के लिए जाना चाहती है, मगर कौशल्या उसे

रोक देती है।)

कौशल्या : तू जा, इनको रख आ अन्दर। मैं देखती हूँ। अभी चाय नहीं बनाना। लगता है, आ गये हैं।

(जाकर दरवाज़ा खोलती है। लक्ष्मी अन्दर चली जाती है। राजेश कपूर अन्दर आता है। उसके चेहरे पर हल्का गुस्सा है। एक बाँह उसके लड़के विकास ने पकड़ी हुई है, जिसे छुड़ाने की वह कोशिश करता है, मगर विकास नहीं छोड़ता। राजेश की दूसरी तरफ सोनिया है, जो उसे पकड़ तो नहीं रही मगर मानो पकड़ना चाहती है। विकास लगभग तीस साल का ज़रा भारी लड़का है—जीन्स और जैकेट पहने है। सोनिया अट्ठाइस की है। उसने भी जीन्स पहना हुआ है। वह दुबली-पतली मगर तीखी-सी, चालाक-सी, मगर सुन्दर लड़की है। उनके पीछे-पीछे कालिदास और रुचि भी आते हैं। रुचि के हाथ में एक पार्सल है।)

राजेश : *(एकाएक खड़ा हो जाता है और तुर्शी से)* छोड़ दे! मैंने कहा न छोड़ दे! अब खुद चला जाऊँगा वहाँ तक। डॉक्टर ने भी कहा है कि थोड़ा-थोड़ा चला करो।

(विकास उसे छोड़ देता है मगर उसकी बाँह के साथ ऐसे बना रहता है कि जैसे पिता की बाँह को, ज़रूरत पड़ने पर झट से पकड़ लेगा—अगर उन्हें 'कुछ' हो गया तो, जिसका उसे बड़ा डर है)

राजेश धीरे-धीरे चलकर दीवान पर बैठने लगता है तो विकास उसे बिठाने के लिए फिर उसकी बाँह पकड़ता है, मगर राजेश फिर उसे झटक देता है, इस बार ज़रा ज़्यादा गुस्से से, और स्वयं ही दो बड़े तकियों को पकड़कर ठीक करने की कोशिश करता है। मगर कौशल्या लपककर उन्हें ठीक करती है तो वह उसे करने देता है। फिर वह उनके सहारे बैठ जाता है। ज़रा हाँफता-सा।

कौशल्या, ज़रा पीछे हटकर पति को ध्यान से और चिन्ता से देखती है। फिर विकास और सोनिया को, और फिर कालिदास और रुचि को, जो थोड़े असमंजस में पड़े-से वहीं खड़े राजेश को देख रहे होते हैं। वह सिर हिलाकर उनका स्वागत करती है और बैठने का इशारा भी। वे बैठ जाते हैं।)

कौशल्या : *(फिर पति से)* क्यों, डॉक्टर ने क्या कहा?

विकास : सब ठीक है। अच्छी प्रोग्रेस है। काफी अच्छी प्रोग्रेस है। इतनी, आमतौर पर इतनी जल्दी नहीं होती—

कौशल्या : *(पति के पास बैठकर)* क्यों जी?

राजेश : *(उसकी तरफ़ देखता है, फिर अपने लड़के और बहू की तरफ़— हल्के गुस्से से मानो वे सब उसकी हालत के ज़िम्मेदार हों)* पहले से फ़र्क बताता है डॉक्टर। पहले वो नहीं था, जिसने आपरेशन किया था— उसी टीम का दूसरा था डॉक्टर भंडारी। हैलो कालिदास, रुचि जी!

कालिदास/रुचि : *(अपने हाथ उठाते हैं। बोलते कुछ नहीं।)*

लक्ष्मी : *(थोड़ा आगे आकर)* सूप लाऊँ? एकदम तैयार है। गरमा-गरम।

राजेश : नहीं, अभी नहीं। *(थोड़ा ठीक होकर बैठता है।)*

कौशल्या : चाय तो लेंगे न? आज पी ही नहीं शाम से।

राजेश : चाय ले सकता हूँ।

(यहाँ वातावरण को मानो नॉर्मल हुआ-सा समझकर विकास और सोनिया एक-दूसरे को देखते हैं और मुड़कर अन्दर अपने कमरे में चले जाते हैं। उन्हें जाता हुआ राजेश और कौशल्या देखते हैं और उनके कमरे में घुसने के बाद भी कुछ क्षण उधर ही देखते रहते हैं।)

कौशल्या : *(लक्ष्मी से)* उनसे भी जाके पूछ ले। सूप या चाय। मेरे लिए भी चाय। इधर भी चाय, रुचि और कालिदास भाई साहब के लिए।

(फिर वह लक्ष्मी को अन्दर जाते देखती रहती है। उसके चले जाने के बाद वह पति की तरफ मुड़ती है।)

कौशल्या : बात हुई कि नहीं? या सोनिया के कारण नहीं की आपने? उसे शुरू में तो नहीं जाना था, मगर फिर देखा कि पैकिंग हो गयी है पूरी, तो चल पड़ी। उसके सामने...

राजेश : *(ज़रा तुर्शी से)* मैं किसी सोनिया-वोनिया से नहीं डरता हालाँकि उसने साथ जाने के लिए ही फटाफट पैकिंग कर ली होगी।

कौशल्या : हूँ-हूँ। मैं वो नहीं कह रही। मेरा मतलब है कि—

राजेश : *(उसे काटकर और पहले वाले लहज़े में)* कौशल्या जी, तुमने कह के देख लिया, मैंने कह के देख लिया। उन्होंने हमें देख लिया। मैं तो कहता हूँ कि उनकी मेहरबानी है कि वे आये—पहले चम्पा आयी, और अब ये आये साहबज़ादे बेगम के साथ। न आते तो तुम क्या कर लेती और मैं क्या कर लेता! मैं तो कहता हूँ कि उनका शुक्रिया अदा

करना चाहिए--जैसे वो लोग बात-बात पर करते रहते हैं, कि आप लोग आये बेटा जी, और बहू जी—बेटा श्री और बहू श्री भी कह सकती हो...आप लोग आये आपका शुक्रिया, धन्यवाद, थैंक्स और कि फिर जब आएँगे, तब शायद तुम्हें कोई अटैक हुआ होगा, या मुझे ही दूसरा, फिर शुक्रिया अदा कर देंगे। फिर धन्यवाद कर देंगे। फिर थैंक्स कर देंगे।

कौशल्या : आप तो हमेशा ही सड़ी हुई बातें करते हैं। ठीक से बताइए कि उसने क्या कहा?

राजेश : वही तो बता रहा हूँ, कौशल्या रानी।

कौशल्या : साफ़-साफ़, सीधे-सीधे लफ़्ज़ों में बताइए कि आपने क्या कहा और उसने क्या कहा? बात भी की कि नहीं आपने?

राजेश : की।

कौशल्या : वो क्या बोला? आपकी बात तो टालता नहीं था कभी। डरता था आप से।

राजेश : *(मुँह बिचकाता है जिसका मतलब है कि कौशल्या फ़िज़ूल की बात कर रही है।)* वो कहता है कि काफ़ी हो गया। फ़ोर वीक्स के लिए पहले चम्पा हो गयी, अपने पति के साथ...क्या नाम है उसका बलवंत, हमेशा भूल जाता हूँ उसका नाम...जब वो नहीं आ सका था। और फ़ाइव वीक्स के लिए वो रह के जा रहे हैं। एक और वीक ठहरने से क्या होगा! *('फोर', 'फाइव' और 'वीक' पर वह व्यंग्य से बल देता है।)* वहाँ उसकी नौकरी में यहाँ की तरह नहीं है कि तार दे दिया और छुट्टी बढ़वा ली या फ़ोन कर दिया कि बीमार है वग़ैरह-वग़ैरह। वहाँ तो नौकरी से हाथ धोना पड़ सकता है।...यों पड़ेगा नहीं, क्योंकि इसका काम काफ़ी पसन्द किया जाता है, मगर पड़ सकता है और वहाँ फिर नौकरी मिलना आसान नहीं होता। यहाँ लोगों को ऐसा लगता है कि जाओ और नौकरी मिल गयी। और फिर ऐसी कोई इमरजेंसी भी नहीं है अब!

कौशल्या : कह दे इमरजैंसी है, और देखा जाए तो एक तरह से...एक तरह से क्यों—असल में, इमरजैंसी है। आपको उसकी ज़रूरत है। और एक हफ़्ते की तो बात है! मेरी समझ में नहीं आता कि ऐसी नौकरी और ऐसे पैसों से क्या लेना-देना।

राजेश : उससे पूछो। वह नहीं कहता कि इमरजैंसी है। उससे पूछो या अमरीका से पूछो।

कौशल्या : मैंने पूछ के न देख लिया होता तो आपसे क्यों कहती कहने को।

आपने ज़ोर नहीं दिया, इमरजैंसी वाली बात नहीं पकड़ी। इन दिनों आपको गुस्सा पहले से भी जल्दी आता है—।

राजेश : *(गुस्से से उसे काटकर)* मैंने दो बार कह के देख लिया, कौशल्या देवी। एक बार समझो कि तुम्हारी तरफ से कि तुम्हारी माँ भी कह रही थी कि उसका भाई भी हर बार लखनऊ से नहीं आ सकता। और एक बार अपनी तरफ़ से। अब मैं गिड़गिड़ा तो सकता नहीं। बल्कि उसने अपनी बीवी के सामने कहा—वह भाँप गयी थी कि मैं यह बात करूँगा। *(यहाँ कौशल्या 'हाँ' में सिर हिलाती है।)* उसने जो कहा वो मेरे दिल में शूल की तरह चुभ रहा है, और चुभता रहेगा। बोला, पापा, आप भी मम्मी की तरह ख़ामख़्वाह सैंटीमेंटल हो रहे हैं, कि आप तो ऐसे नहीं थे और कि यहाँ के माँ-बाप...सुनो, कौशल्या देवी और कालिदास और रुचि जी, आप भी सुनिए कि यहाँ के माँ-बाप बच्चों को लेकर खामख्वाह और बहुत ज़्यादा सेंटीमेंटल हो जाते हैं। इसीलिए यह कंट्री तरक्की नहीं कर रही और न ही कभी करेगी। लोगबाग काम में दिलचस्पी नहीं रखते। आप बाहर आके देखो! आपने देखा भी था थोड़ा, जब आये थे...

तभी मेरी इच्छा हुई कौशल्या, मैं सच कह रहा हूँ, तभी मेरी इच्छा हुई कि उसी वक़्त, वहीं गाड़ी में ही उसकी उस बीवी के सामने जो उसकी इस बात पर ज़ोरों से हाँ में मुंडी हिला रही थी, उसे दो-चार कस के झापड़ लगा दूँ और घर से निकाल दूँ हमेशा के लिए। यों तो निकला ही हुआ है पर हमेशा के लिए निकाल दूँ। ऐसा लेक्चर तो मेरे बाप ने नहीं पिलाया था कभी मुझे हालाँकि वो बड़े सख़्त आदमी थे।

कौशल्या : आपका गुस्सा तो हर वक़्त नाक पर रहता है आजकल।

राजेश : तुम्हारे कारण मैं रुक गया। सोचा बाद में सारी उम्र पिनपिनाती रहेगी।

कौशल्या : आपको गुस्सा नहीं करना चाहिए। डॉक्टर ने भी मना किया हुआ है। उसे प्यार से समझाना चाहिए था कि एक हफ़्ते में कितना फ़र्क पड़ सकता है।

राजेश : *(उसी गुस्से से)* एक साला वो डॉक्टर भंडारी—वो भी ऐसा निकला। *(मगर तब अचानक निराशा से आँखें बन्द कर लेता है। मगर फिर तुरन्त खोलता है।)* डॉक्टर भंडारी ने कहा कि कपूर साहब, आप तो खुशकिस्मत हैं कि आपके बच्चे आये, और दूर अमरीका से आये। वहाँ अमरीका में तो कई अमरीकनों के कई बच्चे अमरीका में होने पर भी कई बार नहीं आते। माँ-बाप बस अकेले अस्पतालों में पड़े रहते हैं। ऐसे डॉक्टरों और नर्सों के सहारे जिनके लिबासों को देख के

लगता है कि वे इन्सान नहीं हैं बल्कि प्लेटो या मार्ज़ से आयी हुई कोई अजीबोगरीब मशीनें हैं।

(वह फिर आँखें बन्द करके उन पर हाथ रख लेता है। कुछ देर तक चुप्पी रहती है। कौशल्या चिन्ता से पति को देखती रहती है। मगर बीच में एक बार गुस्से और उलाहने से उधर देखती है जिधर उसका बेटा और बहू गये होते हैं। फिर वह पति के चेहरे से हाथ हटाना चाहती है मगर फिर कुछ सोच कर अपना बढ़ा हुआ हाथ वापस ले आती है। तभी राजेश स्वयं ही अपने चेहरे से हाथ हटा लेता है।)

रुचि : कैसे हैं भाई साहब! बेहतर लग रहे है पहले से।

कालिदास : *(उठकर उसके पास दीवान पर बैठता है)* हाँ! आज तो काफ़ी बेहतर लग रहे हो। काफ़ी बेहतर। बच गये बच्चू जी। वरना पहुँच गये होते ऊपर।

राजेश : *(मज़ाक की कोशिश में)* वही शायद अच्छा होता। कौशल्या की जान तो छूट जाती। और बाक़ी सबकी भी—। *(एक नज़र उस कमरे की ओर मारता है जहाँ विकास और सोनिया हैं।)*

कौशल्या : *(रुआँसे गुस्से से)* पहले तो इनके दिमाग की बाई-पास होनी चाहिए थी।

राजेश : ठीक कह रहा हूँ। मर जाते तो फिर भई, मर जाते। लोगबाग मरते ही हैं। रोज़ मरते हैं। मर जाते तो फिर मर जाते। *(उसे यह फ़िकरा इतना अच्छा लगता है कि वह इसे दोहराता है)* मर जाते तो फिर मर जाते। यहाँ कौन रोएगा। बच्चों को तो छुट्टी नहीं मिलेगी रोने की— *(हँसता है, मगर तभी कौशल्या के चेहरे पर रोना देखकर)* सॉरी भई सॉरी! कौशल्या सॉरी! वेरी सॉरी! मैं तो मज़ाक कर रहा था। और मेरा मतलब तुमसे नहीं था।

कौशल्या : *(रोते हुए)* आप मज़ाक नहीं कर रहे थे। आप ठीक कह रहे थे। आपने हमेशा अपना ही सोचा। हमेशा! हमेशा! मेरी अच्छी-भली नौकरी लगी हुई थी, छुड़वा दी। मैंने कहा भी था कि अमरीका जाके पहले देख लेते हैं। फिर कुछ करेंगे—मगर नहीं। मुझसे कभी नहीं पूछा कि मैं क्या चाहती हूँ। मेरा कभी नहीं सोचा। बात करते वक़्त तक नहीं सोचते कि क्या कहना है और क्या नहीं। यह नहीं सोचा कि बच्चे तो चले गये बाहर, और मैं भी चला गया तो इसका क्या होगा। यह साली बीवी, यह साली अर्द्धांगिनी, यह साली वाइफ़ क्या करेगी, कहाँ जाएगी। देखो, बोलने भी इनकी तरह लगी हूँ। बीवियाँ इस उमर में आकर परवाह करना बन्द कर देती हैं पतियों की। कई तो गिन-गिन के बदले निकालती हैं। *(यहाँ वह कालिदास और रुचि*

की तरफ देखती है।) एक मैं हूँ कि अभी तक लगी हुई हूँ अपना धर्म निभाने और इसका यह नतीजा है! यह इनाम है!

(उसका रोना बढ़ जाता है।)

राजेश : देखो जी, रुचि जी! देखो कालिदास! बेटा जा रहा है और बहू जा रही है। उनका गुस्सा मुझ पर निकाल रही है।

रुचि : *(उठ के कौशल्या के पास जाती है और उसे सान्त्वना देने की कोशिश करती है।)*

राजेश : *(विषय बदलता है)* भई कालिदास मान गये इन नये अस्पतालों को, माडर्न टेक्नोलॉजी को, माडर्न साइन्स को। तीन मेन नाड़ियाँ नब्बे-नब्बे प्रतिशत ब्लाक थीं, साफ़ कर दीं। मगर बहुत महँगा है। सी! सी! बार रे बाप! तीन लाख लग गये या लग जाएँगे। फिर भी इतनी भीड़, लाइन लगी हुई है। रोज़ कोई आठ आपरेशन करते हैं। आठ तिया चौबीस। चौबीस लाख रोज़। चलो बीस मान लो। बीस गुना तीस, मतलब साठ लाख महीने का और बहत्तर करोड़ साल के सिर्फ़ आपरेशन-आपरेशन के।

कालिदास : बेकारों की तरह बात कर रहे हो राजेश! बेकारों की तरह।

राजेश : बेकार तो हूँ ही। अब तो अपाहिज भी हो गया हूँ लगभग। कम से कम कुछ देर के लिए...

कौशल्या : *(आँख पोंछकर)* विकास ने डिटेल में नहीं बताया कि डॉक्टर से क्या बात हुई। मतलब अब कोई खतरा तो नहीं है? नॉर्मल कब तक हो जाएँगे?

राजेश : मेरे सामने तो मुस्करा कर कह रहा था कि पहले से बहुत फ़र्क है। गुड प्रोग्रेस है। मगर बाद में डॉक्टर से अलग से भी मिला था—वह भी और तुम्हारी बहू भी। मैंने ही कहा था कि शायद मेरे सामने असली बात न बताएँ।

बाहर निकल कर यह बताया कि पापा, सब ठीक चल रहा है। सब ठीक चल रहा है। घबराने की कोई बात नहीं। फिर चुप हो गया। इस बीच मैंने रुकने की बात की एक हफ़्ता और।—वो तो तुम्हें बता ही चुका हूँ। मैंने सोचा डिटेल वह घर आकर बताएगा, मगर घर आते ही वह अन्दर कमरे में चला गया—वो भी और तुम्हारी बहू भी—*(मुस्कराता है व्यंग्य से।)*

कौशल्या : *(चिल्लाती है)* राजेश कपूर! आपको शर्म आनी चाहिए। क्या बात कर रहे हैं आप! घर में बेटा और बहू है। क्या सोंचेगे रुचि और कालिदास भाई साहब!

राजेश : दिल के मरीज़ पर चिल्लाओ मत।

कौशल्या : लोग दूसरों के बारे में भी ऐसी बात नहीं करते। फिर आपका तो बेटा है वह।

राजेश : काहे का बेटा और काहे की बहू। सब माया है भली लोके। सब माया है। हमारे बुजुर्ग ठीक कह गये हैं। सब माया है। और फिर वो तो अमरीकन सिटीज़न है। मेरा उन पर हक़ भी नहीं बनता कोई। कोई बात करूँगा तो बिल क्लिंटन से सुनना पड़ेगा। हो सकता है वो कोई मिसाइल या मिसल—अमरीकन मिसल कहते हैं, अँग्रेज़ उसी को मिसाइल कहते हैं। क्यों कालिदास? *(कालिदास 'हाँ' में सिर हिलाता है।)* वग़ैरह मुझ पर छोड़ दें। एक ही सुपर गुंडा देश रह गया है इन दिनों। रूस की तो पीं बोल गयी। बड़े अकड़ते थे कम्युनिस्ट कि दुनिया में स्वर्ग लाये हैं । नरक निकला। नरक। अच्छा छोड़ो इन बातों को। वरना कहोगे कि यह भी बेकारों की तरह बातें कर रहा हूँ।

(एकाएक कालिदास की तरफ मुड़कर)

एक बात सुनो, कालिदास। तुम्हें—माफ़ कीजिएगा रुचि जी, माफ़ कीजिएगा—मगर बात ऐसी है कि किये बग़ैर मैं रह नहीं सकता। मुझे आजकल यह बड़ा ख्याल आ रहा है...असल में बिल क्लिंटन के नाम से अमरीका और अमरीका के नाम से अमरीकन फ़िल्में भी झट से याद हो आयी हैं, जिनमें बड़ी किसिंग होती हैं। कि किसिंग अपने आप में बहुत हाईजीनिक चीज़ नहों होती। तुम हिन्दी में क्या कहोगे—साफ़-सुथरी प्रदूषण-मुक्त, कीटाणु-मुक्त। एक-दूसरे के मुँह में जीभ, थूक, एक-दूसरे की अन्दर की सफ़ाई करके आयी हुई गन्दी साँस, बदबू—मुझे तो हैरानी होती है...पता नहीं— *(रुचि मुस्कराकर अपना मुँह दूसरी तरफ मोड़ लेती है। कालिदास भी मुस्करा देता है।)*

कौशल्या : *(पति के मुँह पर हाथ रखती है)* हद हो गयी। मैं कहती हूँ हद हो गयी। रुचि जी, भाई साहब, इनका बुरा मत मानना। हद हो गयी। शर्म नहीं आती। सुबह से इसी एक बात के पीछे पड़े हुए हैं। बेटा और बहू हैं। उन्होंने सुन लिया तो...

राजेश : *(नहीं में सिर हिलाता है।)*

कौशल्या : मेरा ख्याल है उन्होंने सुन लिया है। इसीलिए सोनिया उखड़ी-उखड़ी है मुझसे, हमसे—न भी सुना हो, मगर यह कोई कहने वाली बात है?

राजेश : *(कौशल्या का हाथ मुँह से हटाता है।)* मैच्योर लोग हैं। बच्चे नहीं हैं। वहाँ तो सेक्स की बात भी खुलेआम करते हैं। यह तो हाइजीन

की बात है। और मैं सीरियसली बात कर रहा हूँ। क्यों कालिदास, तुम्हारा क्या ख़्याल है कवि जी?

कालिदास : राजेश, तुम वाकई पागल हो गये हो!

(तभी विकास और सोनिया अन्दर से आते हैं। विकास रुचि से बंडल लेता है।)

विकास : अनुराधा को कुछ कहना तो नहीं।

रुचि : नहीं नहीं। फ़ोन पर बात हो जाती है बस—।

कौशल्या : *(बीच में)* बेटा बताया नहीं, डॉक्टर ने क्या कहा?

विकास : बताया तो था पापा को चेक कराने के बाद। इनकी प्रैजेन्स में भी और मुझे और सोनिया को भी, कि प्रोग्रेस बराबर है, एकदम ठीक है। वो बात नहीं बतायी क्योंकि पापा उससे चिढ़ जाते हैं...मगर संकेत किया था मैंने पापा को। वह कहता है कि उन्हें लाइफ स्टाइल बदलना पड़ेगा। पापा को शायद लगा हो कि मैं बात रिपीट कर रहा हूँ कि असली बात नहीं बता रहा हूँ। यही कहा उसने। सब जगह—वहाँ अमेरीका में भी यही कहते हैं। लाइफ़ स्टाइल चेंज करो, रहने का तरीक़ा बदलो। कि यह बीमारी ही नहीं, डायबीटिज़, कैंसर, हाई ब्लड प्रैशर वगैरह ग़लत लाइफ़ स्टाइल की बीमारियाँ हैं। हार्ट ट्रबल तो ख़ासतौर से, नम्बर एक किल्लर है वहाँ—

राजेश : लाइफ़ स्टाइल! *(खिल्ली उड़ाने के भाव से लड़के को देखता है।)*

विकास : *(पिता के लहज़े की परवाह न करते हुए बोलता जाता है)* लाइफ़ स्टाइल चेंज न किया तो हो सकता है फिर अटैक हो जाए। वहाँ लोगों के दो-दो तीन-तीन बार बाई-पास हो जाते हैं, करने पड़ते हैं जो अपना लाइफ़ स्टाइल नहीं बदलते। खाना-पीना एकदम वैजीटेरियन और नो ड्रिंक्स...कुछ डॉक्टर लेने देते हैं।—और थोड़ा व्यायाम, मगर सबसे ज़्यादा टैंशन से बचने को कहते हैं। टैंशन इज़ द मेन विलन—असली विलन टैंशन है।

राजेश : *(व्यंग्य से)* डॉक्टर ने कह दिया और उसने सोचा और आप लोगों ने सोचा कि बस हो गया। कि हो गया चेंज लाइफ़ स्टाइल बदलो! कैसे बदलो! कैसे न हो टैंशन!

(लड़के को उलाहने से देखता है।)

विकास : पापा, आपको कोशिश तो करनी ही चाहिए। आपकी ज़िन्दगी है। एक तो कुछ करना चाहिए। आपको बुरा लगता है हमारा कहना। मगर कुछ शुरू कर दीजिए। कुछ भी शुरू कर दीजिए। खाली मत बैठिए, खाली मत रहिए—गीता में भी कर्मयोगी बनने को कहा है।

राजेश : *(बुरा मानकर)* ठीक है, बेटा! ठीक है। सोचेंगे, सोचेंगे। कुछ करेंगे। कुछ ज़रूर करेंगे। अभी बस यही सोचना तो रह गया है...

(एकाएक वह चुप हो जाता है। विकास भी चुप हो जाता है। और भी कोई तुरन्त ही नहीं बोलता। तभी लक्ष्मी ट्रे में चाय लाती है और सबको देती है। विकास और सोनिया भी बैठ जाते हैं। सब चुप से चाय पीने लगते हैं। तभी बाहर टैक्सी का हॉर्न बजता है।)

कौशल्या : *(विकास की तरफ़ देखकर)* बेटा, टैक्सी आ गयी।

(विकास और सोनिया उठकर अन्दर जाते हैं और फिर तुरन्त बाहर आते हैं। उनके हाथ में थोड़ा-सा सामान है। थोड़ा लक्ष्मी के पास होता है। कौशल्या, कालिदास और रुचि खड़े हो जाते हैं। राजेश विकास और सोनिया को देखता है, फिर मुँह फेर लेता है।)

विकास : *(विकास और सोनिया सामान ज़मीन पर रखकर, हाथ जोड़कर नमस्ते करते हैं)* अच्छा कालिदास अंकल! अच्छा रुचि आंटी!

रुचि : मेरा पैकेट रख लिया है न! वरना अनुराधा माफ़ नहीं करेगी हमें—

विकास : हाँ! हाँ! वह तो इस अटैची में है। आप लोग भी आइए न आंटी-अंकल! आप लोग तो एक बार भी नहीं आये। अमरीका-अमरीका, वेस्ट को एक बार तो देखना चाहिए। पापा बताते हैं कि पार्टीशन के पहले लाहौर की जैसी बात थी, कि पंजाब में कहा जाता था कि जिसने लाहौर नहीं देखा, वह पैदा ही नहीं हुआ। वैसा ही मैं समझता हूँ कि जिसने आजकल वैस्ट नहीं देखा, वह भी अमरीका, उसने ज़िन्दगी को जाना ही नहीं।

रुचि : देखते हैं बेटा, अगर तेरे अंकल अभी रिटायर हो गये तो शायद चक्कर लगाएँगे।

कालिदास : भाड़ा बहुत महँगा है। राजेश को तू भेज देता है टिकट-शिकट। हम तो लड़की से नहीं ले सकते।

विकास : मैं आपको भी भेज देता हूँ। मैं भी तो आपका बेटा हूँ—

कालिदास : वो तो है! वो तो है! मगर देखेंगे। देखेंगे—

विकास : अच्छा मम्मी!

(उसके पाँव छूता है। सोनिया भी छूती है।)

कौशल्या : *(उन्हें फिर आशीर्वाद देती है)* जीते रहो।

विकास : *(राजेश की तरफ बढ़ता है)* अच्छा पापा!

(वह पहले हाथ जोड़ता है फिर झुककर उनके पाँवों को छूता

है। सोनिया भी वैसा ही करती है।)

अपना ख़्याल रखिएगा।

राजेश : *(धीरे-धीरे खड़ा होना शुरू होता है।)*

विकास : आप बैठे रहिए, पापा! आप बैठे रहिए।

(मगर राजेश खड़ा हो जाता है।)

राजेश : *(ऊपरी तथ्यगतता से)* अच्छा बेटा, अच्छा बेटी, अपनी ख़बर देते रहना।

विकास : *(पहले बाहर जाने लगता है। मगर फिर पापा की आवाज़ में हल्की आर्द्रता के कारण, मुड़कर)* पापा, हम एक हफ्ता और भी रह जाते, तो कोई फ़र्क नहीं पड़ना था। आपकी प्रोग्रेस ठीक है। और मेरी रिक़्वेस्ट है कि आप ऐसे मत बैठे रहना, कुछ ज़रूर करना शुरू कर देना। आगे आप बड़े हैं।

(वह बाहर जाता है। सोनिया उसके साथ-साथ जाती है। उनके पीछे-पीछे कौशल्या भी जाती है।)

कौशल्या : *(जाते-जाते पति से)* आप बैठ जाओ। आप बाहर मत आना। सीढ़ियाँ भी हैं। मैं अभी आती हूँ।

राजेश : छोड़ आओ उन्हें एयरपोर्ट पर। कालिदास और रुचि तो हैं, यहाँ मेरे पास।

कौशल्या : नहीं, सी-ऑफ़ तो करने नहीं देते ठीक से। जैसे यहाँ छोड़ा, लगभग वैसे ही वहाँ। आधे-पौने घंटे की तो बात है।

विकास : *(दरवाज़े से वापस आकर जहाँ वह खड़ा था और उसकी पीठ नज़र आ रही थी, वह सामान को टैक्सी में रखने के लिए खड़ा था)* इस पर बात हो चुकी है। कोई फ़ायदा नहीं वहाँ आकर छोड़ने का। हम उतरते ही अन्दर चले जाएँगे और फिर नज़र भी नहीं आएँगे, न आप लोग हमें...ऐसे ही तकलीफ़ करने का क्या फ़ायदा। अब मिल ही लिया, दस-पन्द्रह बीस मिनट में और क्या फ़र्क पड़ने वाला है।

(वह बाहर जाता है। कौशल्या उसके पीछे और उसके पीछे कालिदास, रुचि और फिर लक्ष्मी बाहर जाते हैं। राजेश धीरे-धीरे जाकर दरवाज़े पर खड़ा हो जाता है। कुछ क्षण अकेला खड़ा रहता है। उसके चेहरे पर उदासी आती है। मगर फिर वह विरोध के भाव से टैक्सी के दरवाज़ों के खुलने और बन्द होने के बाद, मगर उसके स्टार्ट होने से पहले ही, वापस अपनी जगह पर आकर तकियों को उठाकर गुस्से से ठीक करता है और बैठ जाता है। उसके मुँह से व्यंग्य-निराशा-विरोध से

निकलता है 'थऊ! थऊ!' जब टैक्सी स्टार्ट होकर चली जाती है तो वह एक बार फिर करता है—थऊ! थऊ!

तभी कालिदास वापस आता है। उसके बाद कौशल्या रोती हुई वापस आती है। उसे रुचि सँभाले हुए है। पीछे-पीछे लक्ष्मी आती है। वह भी रो रही होती है। बाकी सब आकर बैठ जाते हैं। अलबत्ता रुचि कौशल्या को बिठाती है और स्वयं भी उसके पास बैठ जाती है, उसके कन्धे पर हाथ रखे हुए। कालिदास भी आकर वहीं बैठता है जहाँ पहले बैठा था। कुछ देर तक कोई कुछ नहीं बोलता।

राजेश सबको, खास कर कौशल्या को, देखता है और फिर उसके चेहरे पर सख़्ती आने लगती है।)

राजेश : लेक्चर पिला के चला गया हमें। इस उमर में यही होता है। बच्चे माँ-बाप को लैक्चर पिलाते हैं, डाँटते हैं। कुछ करिए! कुछ करना चाहिए आपको! खाली हाथ पर हाथ रखकर मत बैठिए। कुछ भी कर लीजिए। सौ काम हैं करने के लिए ज़िन्दगी में! समाज-सेवा ही कर लीजिए! कालिदास! मुझे याद आ रहा है, तुम्हें भी याद होगा शायद, आपको रुचि जी, क्योंकि हम तीनों एक ही स्कूल के हैं। हर स्कूल में ऐसा तब नहीं होता था शायद। अब होने लगा है। जब हम दसवीं में थे तो स्कूल में कैरियर चुनने को सोचना पड़ता था। स्कूल वाले तरह-तरह की कम्पनियों वगैरह के लोगों के प्रोग्राम भी करते थे। मुझे अच्छी तरह याद है कि कम से कम नब्बे प्रतिशत, अगर ज़्यादा नहीं तो बच्चों को समझ नहीं आता था, पता नहीं चलता था कि उन्हें क्या करना है और अक्सर ये बच्चे वही चुनते थे, जिसका मानो रिवाज था—हमारे ज़माने में साइंस का, इंजीनियरिंग का नया-नया रिवाज था। मैंने भी वही चुना। नब्बे के नब्बे प्रतिशत या उससे भी ज़्यादा प्रतिशत यही चुनना चाहते थे, मगर ठीक नम्बर न आने पर कई दूसरे विषयों को लेते थे। तुम भी कहा करते थे कालिदास...और पीछे एक बार मैं गीता प्रवचन भी सुनने गया था कि देखें, उससे भी मुझे पता चला कि गीता में लिखा है कि आदमी को अपना स्वधर्म पहचानना चाहिए कि वह क्या कर सकता है, या क्या करने योग्य है या क्या करने आया है और यह भी, कि स्वधर्म वाला काम थोड़ा दोष वाला भी हो तो अच्छा है, इसकी बनिस्बत कि ऐसा किया जाए जो स्वधर्म के बाहर वाला हो। और इधर यह माडर्न बात कि हमें अपनी एटीट्यूड

के हिसाब से काम चुनना चाहिए।

कालिदास : बात तो ठीक है। उसके बग़ैर—कैसे—

राजेश : *(उसे काटते हुए)* मेरी बात तो सुनो पहले पूरी। मैं कहता हूँ, जैसे कि नब्बे प्रतिशत लोगों को पता नहीं चलता कि उनका एप्टीट्यूड वास्तव में क्या है कि उन्हें क्या करना है या क्या करना चाहिए, वो तो बस रहना चाहते हैं, जीना चाहते हैं, ढंग से जीना चाहते हैं। अच्छा खाना-पीना चाहते हैं, अच्छा पैसा कमाना चाहते हैं। मैं भी उन्हीं में से एक था। मैंने इंजीनियरी इसलिए ली, क्योंकि उन दिनों ज़्यादा बच्चे इधर ही जा रहे थे, क्योंकि इसी का रिवाज़ था, इसी का बोलबाला था—यही कैरियर ठीक था—जैसे आजकल शायद कम्प्यूटर्स वग़ैरह हो गया है।

और मुझे नहीं मालूम था—या मालूम था मन के अन्दर धँसा हुआ नहीं था—कि रिटायरमेंट के बाद, फ़ालतू हो जाने के बाद, मुझे फिर उसी नुक़्ते पर आकर खड़ा होना पड़ेगा। कि अब क्या करूँ, किधर जाऊँ? मैंने छोटी-मोटी नौकरी की थी। मगर उसमें मन नहीं लगा। जिस नौकरी या काम में मैं रवाँ हो गया था उसे तो छोड़ना पड़ा। और फिर घर में दाने हैं तो क्या फ़ायदा काम करने का? काम में वो तन्त नहीं आता, वो बात नहीं आती। लगता है, ऐसे ही वक़्त ज़ाया कर रहा हूँ। इसलिए कोई काम ज़रूरी नहीं लगता, इसलिए नहीं होता, नहीं हो सकता। इसलिए भी हम अमरीका चले गये थे। इसकी नौकरी भी छुड़वा दी—यों दो साल ही बचे थे। मगर वहाँ भी मन नहीं लगा। वो देश यों भी बूढ़ों के लिए नहीं है, विदेशी, तीसरी दुनिया के बूढ़ों के लिए तो बिलकुल ही नहीं। और अब समझ में नहीं आता कि क्या करूँ? क्या करूँ? क्या करूँ?

असल में कालिदास, मैं चाहता हूँ...मैं महसूस करता हूँ...इन दिनों मैंने बहुत सोचा इस पर। मैं चाहता हूँ कि मैं अपना वही सब करता रहता जो मुझसे चुना गया था—उसी में लगा रहता। मगर वह हो नहीं सकता, हमें रिटायर होना ही है, फ़ालतू होना ही है। और अब समझ में नहीं आता कि क्या करूँ? क्या करूँ? क्या करूँ? मगर मैं कहता हूँ कि कम से कम ऐसा कुछ तो हो, कि कम से कम ऐसा तो कोई जुगाड़ हो, कोई तरीक़ा हो कि हम लोग अपने बड़ों और बच्चों के पास रहें। उनके साथ नहीं, मगर उनके पास रहें। न ज़्यादा साथ न ज़्यादा दूर—कम से कम कुछ के पास।

मगर ऐसा नहीं हो सकता। मैं मानता हूँ, ऐसा नहीं हो सकता...या

नहीं हो रहा! यह ग़लत है! ग़लत है! ग़लत है...

(वह चुप हो जाता है।)

कौशल्या : भगवान का नाम लिया करिए। माला जपा करिए। मैं...

राजेश : भगवान में मेरा कोई विश्वास नहीं है। कोशिश करने की ही इच्छा नहीं होती...।

कौशल्या : मैंने पहले भी कहा था कि माला जपते रहने से धीरे-धीरे एक झंकार-सी उठती है, उठने लगती है और विश्वास हो जाता है।

राजेश : नहीं। नहीं। नहीं। वो धोखा है। धोखा है और मेरे साथ ऐसा नहीं होगा। ऐसा नहीं होगा।...नहीं होगा। मैं दूसरी मिट्टी का बना हुआ हूँ।

(वह फिर चुप हो जाता है। सब थोड़ी देर चुप रहते हैं, राजेश को महसूस करते हुए।)

रुचि : *(कुछ देर के बाद)* चलें कालिदास!

कौशल्या : खाना खा के जाना!

रुचि : नहीं, नहीं, फिर कभी आएँगे। देर हो गयी है।

(दोनों उठते हैं।)

कालिदास : *(सोचता हुआ)* पता नहीं राजेश, कि क्या करना चाहिए। मगर देखते हैं...देखते हैं।

(कौशल्या भी खड़ी हो जाती है। राजेश भी खड़ा होना चाहता है मगर कालिदास उसे खड़ा नहीं होने देता।)

कालिदास : नहीं, नहीं, तुम मत उठो। वैसे भी इतना बोले। थक गये हो। अच्छा फिर!

रुचि : अच्छा कौशल्या! अच्छा राजेश भाई साहब!

(वे जाते हैं। कौशल्या उनके साथ दरवाज़े तक जाती है। उन्हें छोड़ने और दरवाज़ा बन्द करके वापस जगह पर लौटकर बैठ जाती है। उनके जाने के बाद कुछ देर तक राजेश और कौशल्या चुपचाप उदास और अकेलेपन में बैठे दिखाये जाते हैं। लक्ष्मी ज़रा परे थोड़ी रोशनी में खड़ी रहती है।)

(परदा गिरता है।)

अंक-तीन

दृश्य-एक

[गर्मियों का एक इतवार। दोपहर के बाद कोई साढ़े तीन बजे का वक़्त। कालिदास और रुचि का ड्राइंग रुम (पहले अंक वाला) कुछ देर के लिए ख़ाली दिखाया जाता है। फिर दरवाज़ा खुलता है और कालिदास अन्दर आता है। उसके पीछे-पीछे नेहा और रुचि भी आते हैं। सभी पसीना पोंछ रहे होते हैं। कालिदास आते ही गाड़ी की चाबी डाइनिंग टेबल पर रखता है और फिर पंखा चलाता है, खिड़की खोलता है। रुचि अपना हैंडबेग डाइनिंग टेबल पर रखती है और वापस मुड़कर नेहा की तरफ देखती है जो दरवाज़े के थोड़ा ही अन्दर आकर खड़ी हो जाती है। रुचि और नेहा सलवार-कमीज पहने हैं। कालिदास कमीज़ और पैंट और कोल्हापुरी चप्पल।]

कालिदास : आओ बेटा, आओ! यहाँ आ जाओ पंखे के नीचे, वहाँ हवा कम लगती है।

(नेहा आगे आती है।)

रुचि : *(नेहा से)* मैं अभी आयी, बेटा।

(वह अन्दर चली जाती है।)

कालिदास : पानी दूँ या लिम्का वग़ैरह?

(लेने जाने के लिए बढ़ता है।)

नेहा : नहीं, नहीं, अंकल! अभी तो खाना खाया आपके साथ और पानी पिया। और दस मिनट में यहाँ पहुँच गये। ज़रूरत होगी तो मैं अपने आप ले लूँगी।

कालिदास : बैठ जाओ, बेटा! बैठ जाओ।

नेहा : नहीं अंकल! बस चलूँगी। अभी ज़रा बादल हैं वरना धूप निकल आएगी। और... *(घड़ी देखती है)* बस दस मिनट में आ जाएगी। वरना लम्बा खड़ा होना पड़ेगा। एक बार एक लड़का पीछे पड़ गया

था—दोपहर का ही वक़्त था। यही सूना बस स्टाप था। ज़ोर से न चिल्लाती तो... *(हँसती है)* फिर भाग गया... डर गया।

कालिदास : ध्यान से बेटा! ध्यान से। और कोई ऐसी-वैसी बात हो तो हम हैं। मैं हूँ। यह नहीं समझना कि पापा नहीं हैं तो...

नेहा : मुझे पता है अंकल। मगर पहले तो ख़ुद ही निबटना चाहिए।

कालिदास : और भी कभी कोई बात हो—

रुचि : *(अन्दर से आती है)* लो बेटा!

(उसके हाथ में रुपयों की एक गड्डी है)

लो, गिन लो।

नेहा : *(रुपये लेकर। वह रुपयों को बड़ा महत्त्व और इज़्ज़त देती हुई पकड़ती है।)*

ठीक ही होंगे आंटी।

(अपने हैंडबैग में डालने लगती है।)

रुचि : नहीं बेटा, नहीं। पैसे का मामला है। यहाँ बैठ के आराम से गिन डालो।

नेहा : ठीक है, आंटी।

(वह डाइनिंग टेबल पर बैठकर नोट गिनने लगती है। वह न केवल उन्हें महत्त्व और इज़्ज़त देती हुई गिनती है, जिससे उसने उन्हें पकड़ा था मगर साथ ही एक प्रकार से उन्हें घेर कर, उन्हें सुरक्षित रखकर भी गिनती है। कालिदास और रुचि उसे नोट गिनते देखते हैं—हैरानी, दिलचस्पी और ममता से।)

नेहा : ठीक है आंटी। चार हज़ार हैं!

(वह गड्डी को अपने हैंडबैग में डालने लगती है मगर फिर सोचकर)

आंटी, एक लिफ़ाफ़ा दे दीजिए कोई। कभी बस में हैंडबैग खोलना पड़ जाता है रूमाल वग़ैरह के लिए, तो नंगे नोट नहीं नज़र आने चाहिए किसी को।

(रुचि अन्दर से से एक लिफ़फ़ा ला देती है। नेहा नोटों को ऐहतियात से उस लिफ़ाफ़े में डालती है और लिफ़ाफ़े को अपने हैंडबैग में रखती है। हैंडबैग को अच्छी तरह से बन्द करती है और फिर उसको बगल में अच्छी तरह से दबा लेती है। सब काम चुस्ती, होशियारी और सहजता से करती है।)

रुचि : सँभल के जाना। और सुनो, वैसे तो मैंने उसे कह दिया था, मगर मम्मी

से फिर कह देना कि लौटाने की कोई जल्दी नहीं है। बोझा न लगा ले इसका मन पर।

नेहा : नहीं, आंटी। मम्मी नहीं, ये तो मैं लौटाऊँगी। अगले महीने से अपनी तनख़्वाह से थोड़े-थोड़े करके लौटाती रहूँगी। यह मेरी ज़िम्मेदारी है।

(वह रुचि की आँखों में सीधे और स्वाभिमान से, मगर शालीनता से भी देखती है।)

रुचि : अभी तो तेरी नौकरी लगी-लगी है बेटी, अभी...

नेहा : फिर क्या हुआ आंटी।

रुचि : अभी तो तेरी अपनी ज़रूरतें होंगी। नौकरी करेगी तो ढेर सारे कपड़े चाहिए। घर वाले नहीं चलेंगे ज़्यादा।

नेहा : वो भी हो जाएगा आंटी। मैंने सब सोच लिया है—सब हिसाब लगा लिया है।

रुचि : *(उसकी तरफ सराहना से देखकर)* मैं तुम्हें मना नहीं कर रही। मगर ऐसी कोई जल्दी नहीं है। तू हमारी बेटी की तरह है। *(फिर थोड़ा ठहरकर और नेहा को प्यार से देखकर)* मुझे तेरे पापा पर इतना गुस्सा आ रहा है कि क्या बताऊँ!

नेहा : ठीक है आँटी। अब गुस्सा करने से क्या फ़ायदा! जो है सो है। जो नहीं है सो नहीं है। क्या किया जा सकता है! कुछ लोगों के माँ और बाप दोनों ही नहीं होते।...अच्छा आंटी, चलती हूँ।

(दरवाज़े की तरफ बढ़ती है।)

रुचि : ध्यान से।

कालिदास : मैं छोड़ आऊँ गाड़ी में? दस मिनट की तो बात है।

(वह डाइनिंग टेबल की तरफ़, गाड़ी की चाबी उठाने के लिए एक क़दम बढ़ाता है।)

नेहा : नहीं अंकल, नहीं। ऐसी कोई ज़रूरत नहीं है। मैं चली जाऊँगी। आप चिन्ता न करें।

कालिदास : छोड़ आता हूँ बेटा! पाँच-दस मिनट की तो बात है। इस वक़्त सड़कें भी ख़ाली-सी होंगी। अभी तो देखा हमने। और फिर गर्मी कितनी है। वहाँ अकेली बस-स्टाप पर खड़ी रहोगी—इस वक़्त मिलनी भी मुश्किल होगी...पता नहीं वो आती भी है कि नहीं, जो तू कह रही थी...।

(वह डाइनिंग टेबल के पास चला जाता है और वहाँ से चाबी उठा लेता है।)

नेहा : नहीं अंकल, नहीं!

कालिदास : अरे बेटी! *(उसके पास आ जाता है।)* ऐसी क्या बात है! चल! चल!

नेहा : *(दृढ़ता से)* नहीं अंकल, नहीं!

(और थोड़े विरोध से कालिदास की तरफ देखती है।)

कालिदास : नहीं बेटा, नहीं। मैं चलता हूँ।

(उसको बाँह से घेरने की कोशिश करता है, जो नेहा को पसन्द नहीं आता। वह ज़रा हटकर उसकी बाँह के घेरे से बाहर हो जाती है।)

रुचि : कालिदास, जाने दो उसे अकेले।

कालिदास : नहीं-नहीं, रुचि। इतनी गर्मी है और फिर बस स्टाप पर अकेला होना...और अभी छोटी है...इतने पैसे हैं उसके पास—

नेहा : *(आत्मविश्वास से और पहले से ज़्यादा दृढ़ता से)* नहीं अंकल, मैं मैनेज कर लूँगी। और प्लीज़ अंकल, आप बुरा मत मानिए, पर मुझ पर दया मत कीजिए। मुझे अच्छा नहीं लगता।

कालिदास : *(झेंपता हुआ)* मैं दया कहाँ कर रहा हूँ। मैं...

(और वह रुक जाता है।)

नेहा : अच्छा आंटी! थैंक्स!

अच्छा अंकल। बाई-बाई!

(कहकर बाहर जाती है।)

रुचि : *(कालिदास को)* मैं कह भी रही थी कि जाने दो। मगर तुम्हें खामख्वाह दया करने की बीमारी है। अपने आपको बेहतर, सुपीरियर मानने की, अहं की, इसीलिए तुम अच्छे कवि भी नहीं बन सके। अगले पर दया नहीं करो, उसे समझो, जानो। हमदर्दी से जानो, हमदर्दी से समझो। मगर दया मत करो। एकदम साफ़ था कि उसे बुरा लग रहा है। वह ऐसी उम्र में है, ऐसी स्थिति में है कि स्वाभिमान से रहना चाहती है, शायद थोड़ा ज़्यादा ही, आपने पाँवों पर खड़ी होना चाहती है। तुमने यह तो देखा नहीं, बस दया करने लग पड़े।

कालिदास : मेरा मतलब वो नहीं था, मेरा मतलब तो सिर्फ...

रुचि : मैं समझती हूँ तुम्हारा मतलब। मगर कई बार... ख़ैर... छोड़ो...। *(फिर एकाएक गुस्से से)* मैं कहती हूँ, ऐसी बढ़िया लड़की है। ऐसी बढ़िया। पिछले दो-चार महीनों में तो और भी ज़्यादा मैच्योर हो गयी है। कौन बाप, मैं कहती हूँ कालिदास, आलोक क्या आदमी है!...क्या आदमी है! देखा क्या लड़की है। इस बार आलोक कभी आया, यों

तो आएगा नहीं, मगर कभी आया तो घर में घुसने नहीं दूँगी। फ़ैमिली को तबाह कर रहा है। कितनी बढ़िया लड़की है! कितनी समझदार! कितनी तेज़ और कितनी डिग्नीफ़ाइड स्वाभिमानी! बेचारी को हायर सैकेंडेरी के बाद नौकरी करनी पड़ रही है, क्योंकि बाप गधा है। हाँ...बाप गधा है। पता नहीं, तुम्हारे सारे दोस्त ही गधे हैं—सारे के सारे!

कालिदास : क्या किया जा सकता है। *(कन्धे उचकाता है।)*

रुचि : मैं कह रही हूँ कि इस बार मैं उसे घर में घुसने नहीं दूँगी।

कालिदास : बम्बई से आएगा तब न! मिसेज़ मल्कानी के चक्कर में...। पता नहीं मैं उसे बिल्कुल ही नहीं समझ पाया।

रुचि : वो गधा है। उसे पता नहीं कि मिसेज़ मल्कानी अपना घर कभी ख़राब नहीं करेगी। कुछ दिन गुलछर्रे उड़ाएगी और फिर तुम्हारे आलोक बाबू को ठेंगा दिखा देगी या गर्म ईंट की तरह ड्राप कर देगी। उसका नाटक वहाँ स्टेज होने वाला है। इसी से चमत्कृत है। वह समझती है किसी बड़े आदमी के साथ है—वह अख़बार का सम्पादक भी शायद बनने वाला है या...औरतें ऐसी ग़लतियाँ करती हैं। जब वह देखेगी कि भीतर से बन्दर जैसा है तो गर्म ईंट की तरह ड्राप कर देगी...वो बड़ी सख्त औरत है अन्दर से।

कालिदास : जाती बार तो यही फ़ोन करके गया था कि शायद उसे आख़िरकार ऐसी औरत मिल गयी है जैसी की उसे तलाश थी।

रुचि : *(गुस्से से और थोड़ी विचित्र तीव्रता से)* तुम्हारा दोस्त था। गधा! बल्कि जैसा मैंने अभी कहा, तुम्हारे सारे के सारे दोस्त गधे हैं। देखो राजेश कपूर को या ज्ञान को। एक को न बात करने की तमीज़ है न ज़िन्दगी में कुछ करने की अक्ल...और दूसरा अपने को तीसमार खाँ समझता है और है गीदड़। एकदम गीदड़। बेटे और बीवी से फिर भागा फिर रहा है। और उनकी बीवियाँ! मोटी लिजलिजी सैंटीमेंटल कौशल्या या काइयाँ माया! वो भी बकवास है। वो भी बकवास है।

कालिदास : *(उसकी तरफ थोड़ी चिन्ता से देखता हुआ)* रुचि! तुम भी मेरी तरह बूढ़ी हो रही हो। तुम्हें कुछ भी अच्छा नहीं लगता। कोई भी अच्छा नहीं लगता। लोगबाग ऐसे ही होते हैं।

रुचि : *(उसी तीव्र लहजे में)* नहीं, नहीं, ऐसे नहीं होते। तुम्हारे दोस्त ही ऐसे हैं...तुम्हारे दोस्त ही हैं—जैसे तुम हो...।

(वह विचित्र-सी हो जाती है।)

कालिदास : *(चिन्ता से उसकी तरफ थोड़ा बढ़ता है)* रुचि! रुचि! प्लीज़! यह तुम्हें एकदम क्या हो गया है! क्या हो जाता है! अपने को सँभालो। मैं कहता हूँ डॉक्टर के पास चलें।

रुचि : *(बैठ जाती है)* मुझे कुछ नहीं हुआ। कुछ नहीं होता। मुझे सिर्फ तुम होते हो। न आदमी अच्छे हो, न कवि अच्छे हो। इसमें डॉक्टर क्या करेगा!

कालिदास : ठीक है, मैं मानता हूँ, मैं ऐसा हूँ। मगर यह तो जैनेटिक है, प्राकृतिक है, कुदरती है...इसमें मैं...

रुचि : नेहा को भी ऐसा ही कोई मिलेगा...अपने बाप की तरह का या तुम्हारी तरह का...या फिर राजेश या ज्ञान की तरह का। अगर वह अलग तरह का हुआ तो भी गधा ही होगा। ओफ़! ओफ़...

(हाथ से मुँह ढाँपती है।)

कालिदास : रुचि, तुम्हारी तबीयत...ठंडा लाऊँ? लिम्का, कोकाकोला, या चाय?

रुचि : नहीं! नहीं!

(कालिदास फिर भी फुर्ती से अन्दर से जाकर फ्रिज से पानी की बोतल और ख़ाली गिलास लाता है और भरकर उसे देता है। रुचि नहीं लेती। कालिदास बोतल और गिलास मेज़ पर रख देता है और चिन्ता से रुचि की तरफ देखता है।)

कालिदास : अनुराग को बुलाऊँ फ़ोन करके?

रुचि : नहीं! नहीं!

कालिदास : या उनके यहाँ चलते हैं। राहुल से खेलेंगे...अनुराग से तुम्हारी बनती भी है। हर रोज़ बात करती हो उससे फ़ोन पर।

रुचि : *(थोड़ी आजिज़-सी हो आती है)* नहीं! नहीं! वहाँ जाके लगता है अपनापन नहीं है, उतना नहीं है, कि हम किसी और के घर आये हैं कि...कि नीलिमा के घर आये हैं। बनती है उससे, मगर रवानी क़ायम नहीं रहती इस तरह से अलग-अलग रहने से। और मैं हर रोज़ फ़ोन नहीं करती। नहीं। तुम यहाँ भी ग़लत हो।

(एकाएक पानी का गिलास उठाती है और दो-चार घूँट पीती है। गिलास अपने हाथ में रखती है।)

कालिदास : फिर भी चलते हैं। जो है, जितना है, वही है।

रुचि : नहीं, नहीं। और फिर वो लोग शायद आएँ भी। अनुराग कह रहा था, पिछले इतवार नहीं आ पाये थे।

कालिदास : टी.वी. चला दूँ?

रुचि : नहीं। तुम बस एक तरफ हो के बैठ जाओ। मेरे प्राण मत खाओ।

(रुचि आँखें बन्द कर लेती है। कालिदास चिन्ता से उसे देखता हुआ डाइनिंग टेबल पर जाकर बैठ जाता है। रुचि की तरफ देखता रहता है। रुचि इस बीच मानो अपने से लड़ती रहती है। आँखें बन्द किये-किये ही पानी पीती है और फिर गिलास मेज़ पर रखकर उठती है। अन्दर चली जाती है। कालिदास घबराकर खड़ा हो जाता है और रुचि को उसी घबराहट से अन्दर जाते हुए देखता है। मगर न उससे बात करता है और न ही उसके पीछे जाता है। फिर वह गिलास उठाकर पानी पीता है और इधर-उधर सूने और सन्नाटेपन को देखता हुआ उस जगह पर जाकर बैठ जाता है जहाँ रुचि बैठी थी और गहरी सोच में डूब जाता है। तभी रुचि बाहर आ जाती है।)

रुचि : पता नहीं, एकाएक क्या हो जाता है। कुछ भी अच्छा नहीं लगता।

(वह कालिदास के सामने बैठ जाती है।)

अब एकाएक ही फ़र्क पड़ गया...एक लिम्का दे दो मुझे—

(कालिदास फुर्ती से उठता है और अन्दर से दो गिलासों में लिम्का लाता है। एक रुचि को देता है। दूसरा स्वयं मुँह से लगाता है।)

रुचि : *(बड़ा घूँट पीती है।)* पता नहीं एकाएक क्या हो गया था!

कालिदास : डॉक्टर को दिखा लो तो बेहतर होगा।

रुचि : पहले ख़ुद तो समझ लूँ पूरी तरह से कि है क्या। डॉक्टर को क्या कहूँगी जाकर?

कालिदास : कहीं वो औरतों वाली बात... ?

रुचि : नहीं, नहीं। वो तो कब का ख़त्म हो गया। तुम्हें पता तो है।

कालिदास : टी.वी. चला दूँ? डिस्कवरी चैनल—वहाँ शायद जानवर आ रहे हों। तुम्हें अच्छे लगते हैं।

रुचि : नहीं! अब नहीं अच्छे लगते। पता नहीं, यह टी.वी. क्या चीज़ है! जानवर दिखते हैं, लोग दिखते हैं। अच्छे भी लगते हैं। मगर बाद में लगता है मानो कुछ देखा ही न हो। वो फीलिंग ही नहीं आती, जैसे अनुराग से फ़ोन पर बात करने और उससे मिलने में फ़र्क़ है। यह फ़ोन भी बकवास चीज़ है। ज़िन्दगी को परे रखता है। और मुझे टी.वी. से ही नफ़रत हो गयी है।

कालिदास : अरे आजकल तो फ्रैंच ओपन आ रहा होगा।

रुचि : नहीं देखना मुझे फ्रैंच ओपन या विम्बलडन या यू.एस. ओपन या ये ओपन या वो ओपन। इनका सब कुछ ओपन हो रहा है, मगर हमारा सब क्लोज़ हो रहा है। तुम देखो, देखना चाहो तो...मैं तो, मेरा ख्याल है सो जाऊँ जाकर कुछ देर। *(उठती है और अपने कमरे की तरफ जाती है, मगर जैसे ही वह कमरे के पास पहुँचती है, बाहर की घंटी बजती है। वह रुक जाती है। मुड़ती है।)* इस वक़्त कौन हो सकता है?

(कालिदास उठ कर दरवाज़ा खोलता है। आलोक अन्दर आता है।)

कालिदास : थिंक ऑफ द डेविल!

आलोक : कहो कालिदास!

(कालिदास के गले मिलना चाहता है। मगर कालिदास अपनी बाँहें नहीं उठाता, जिसे देखकर आलोक झेंपकर अपनी उठी हुई बाँहें नीची कर लेता है।)

रुचि जी नमस्ते!

रुचि : *(थोड़ी आगे आकर, बिना नमस्ते का जवाब दिए हुए—संयत गुस्से से)* अभी नेहा आयी थी। नेहा को जानते हैं आप? आपकी लड़की का नाम है नेहा महाजन। *(आलोक को आग भरी नज़रों से देखती है। आलोक झेंप से झूलता-सा है।)* पैसे उधार माँगने आयी थी, क्योंकि उसके पिता जी, जिनका नाम आलोक महाजन है, उसको सपोर्ट नहीं करते और पता नहीं किस-किस के साथ गुलछर्रे उड़ाते फिरते हैं! उसने नौकरी भी कर ली है, करनी पड़ी। हायर सैकेंडरी के बाद शाम को आगे पढ़ेगी, अगर पढ़ पाएगी तो। मैं यह ख़बर दे रही हूँ। मुझे अगर ऐसी ख़बर अपनी बेटी के बारे में सुनने को मिलती तो मैं चुल्लू भर पानी में डूब मरती।

(रुचि तमतमाती है।)

आलोक : देख रहा हूँ इस घर में मेरा स्वागत नहीं है।

रुचि : नहीं है!

आलोक : *(मुड़ता है)* मैं जा रहा हूँ। मुझे अफ़सोस है आपको तक़लीफ़ दी।

(दरवाज़े की तरफ़ जाता है।)

कालिदास : *(रुचि को उसकी ज़्यादती के लिए उलाहने भरी नज़र से देखता है और उसे रोकने के लिए हाथ उठाता है)* आलोक! आलोक!!

रुचि : *(कालिदास की परवाह न करके)* ठीक है जाइए और फिर कभी...

आलोक : ना आइए। नहीं आऊँगा। नहीं आऊँगा फिर कभी। *(थोड़ा शहीदी*

भाव से) ठीक है नहीं आऊँगा। रुचि जी, नहीं आऊँगा...कालिदास, नहीं आऊँगा।

(कालिदास आगे बढ़कर उसे रोकना चाहता है।)

मैं तो अपने गुनाहों का पश्चाताप करने आया था।

रुचि : उसकी जगह यह नहीं है। उसकी जगह रक्षा का घर है। और फिर पिछली बार भी आप आये थे, रक्षा की शक़्ल देखकर भाग गये थे गुनाह करने बम्बई में...छह महीने हो गये।

कालिदास : रुचि! रुचि!

आलोक : नहीं रुचि जी! नहीं...। *(वह बेहद तीव्रता से जिसमें ईमानदारी भी रहती है)* रुचि जी! कालिदास! मैं यह मानकर, यह समझकर, यह रियलाइज़ करके आया हूँ...फाइनली समझकर, मानकर, रियलाइज़ करके, अन्तिम तरीक़े से, एकदम अन्तिम तरीक़े से...और यह कोई वैसी बात नहीं है, कमज़ोरी का क्षण, कमज़ोरी का मोमेंट नहीं है कि मेरी क़िस्मत, मेरी फ़ेट, मेरी नियति—जो भी है, यहीं है—रक्षा और बच्चों के पास। और अभी रास्ते में मुझे नेहा मिली थी।

रुचि : मिली थी?

आलोक : मेरा मतलब है कि मैंने उसे देखा और उसने मुझे देखा। क्या लड़की है, क्या बेटी है, मगर रुचि जी, कालिदास! उसने मुझे देखकर मुँह मोड़ लिया।

रुचि : *(उसी सख्ती से)* मैं होती तो उठाकर पत्थर मारती ऐसे बाप पर।

आलोक : *(हतप्रभ हो जाता है और कुछ देर तक चुप रहता है)* आप मेरा विश्वास करें। मैं प्रायश्चित करने आया हूँ और मुझे मालूम था कि मेरा यहाँ स्वागत ऐसे ही होगा। आई डिज़र्व इट। मेरे साथ ऐसा ही होना चाहिए। मगर मुझे आपकी मदद चाहिए। समझो आख़िरी बार...आख़िरी बार।

रुचि : नहीं, नहीं। आख़िरी बार ख़त्म हो गयी, पिछली बार।

आलोक : रुचि जी, इसमें कोई खोट नहीं है। कोई चाल नहीं है। चाल तो पहले भी नहीं थी—पहले एक भुलेखा था कि शायद वो वो नहीं होगी जो कि वो है। अब वो भुलेखा नहीं है। अब नहीं है। जैसे भी है वो मुझे याद है और स्वीकार्य है, एक्सैप्टेबल है...मेरा विश्वास करिए...प्लीज़!

(उसके स्वर में ईमानदारी की भनक सुनकर कालिदास और रुचि एक साथ एक-दूसरे को देखते हैं।)

कालिदास : तुम वहाँ किसी मल्कानी के साथ, जो यहाँ एक पार्टी में मिली थी—

आलोक : *(उनके बदले लहजे से उत्साहित होकर थोड़ा वापस आता है)* वो ख़त्म हो गया। वो ख़त्म हो गया। कालिदास, रुचि जी, मैं इस नतीज़े पर पहुँच गया हूँ फाइनली, अन्तिम तरीक़े से, एकदम अन्तिम तरीक़े से कि मुझे जो चाहिए वो मुझे नहीं मिल सकता, नहीं मिल सकता। इसलिए जो है सो ठीक है।

रुचि : यह बात लोगबाग बड़ी जल्दी समझ लेते हैं, झट से समझ लेते हैं, ज़्यादा से ज़्यादा पैंतीस-छत्तीस तक, कुछ उसके ज़रा बाद, कुछ उसके पहले ही। आप तो अख़बार के लीडर राइटर हैं और नाटककार भी।

आलोक : शायद इसीलिए मुग़ालते में रहा कि मैं वो कर सकता हूँ, जो और कोई नहीं कर सकता या कर सका...या फिर मुझमें बेवक़ूफ़ी की बड़ी ज़बरदस्त स्ट्रीक है, प्रवृत्ति है या वृत्ति ही है जो आपने तथाकथित बौद्धिक लोगों में या ग़ैर-तथाकथितों में भी देखी होगी ख़ासकर।

रुचि : रक्षा की हिटलरी सह लेंगे? या जैसा कि आप उसे कहते हैं...मैं तो उसे हिटलरी नहीं मानती—ऐसी...

आलोक : सह लूँगा। नेहा के लिए और संजीव के लिए भी—

रुचि : अपने लिए नहीं, रक्षा के लिए...!

आलोक : मूल रूप से अपने ही लिए। अपने लिए जो कि रक्षा के लिए भी होगी और बच्चों के लिए भी।

(कुछ देर चुप रहता है और कालिदास और रुचि को पिघलता हुआ महसूस करता है, और उनके पास सरकता है।)

तो क्या मैं उम्मीद करूँ मदद की? देखिए, आप लोग मेरे सबसे नज़दीक हैं और रक्षा के भी...। क्या आप रक्षा को बुला सकती हैं?

रुचि : नहीं, वह नहीं कर सकती मैं। और कर भी सकती तो अब नहीं करूँगी, क्योंकि मुझे मालूम है वह नहीं आएगी। अब तो आपको ही जाना पड़ेगा उसके पास और वह नाक रगड़वाएगी।

आलोक : रगड़ूँगा! रगड़ूँगा, मैं नाक। मुझे मालूम था कि मुझे ही जाना पड़ेगा, मगर सोचा कि शायद आप, कि शायद आप...

(वह चुप हो जाता है और रुचि की तरफ आशा से देखता है।)

रुचि : नहीं! नहीं! ख़ुद ही करिए—।

कालिदास : बैठो आलोक! बैठ जाओ।

(वह अन्दर से पानी लाता है। एक बोतल और गिलास। गिलास में पानी डालकर आलोक को देता है। और स्वयं पानी

उसमें उँडेलता है। आलोक पानी के दो गिलास पी जाता है।)

कालिदास : चाय पिओगे?

आलोक : पी सकता हूँ।

(रुचि की तरफ देखता है।)

कालिदास : तुम पिओगी रुचि?

रुचि : हाँ, मगर तुम बैठो, मैं बना के लाती हूँ। *(फिर एकाएक रुककर आलोक से)* कब जाएँगे आप रक्षा के पास?

आलोक : शायद अभी...मगर अभी तय करता हूँ। आप लोगों ने इतना हिला दिया कि जान ही निकल गयी लगती है—

रुचि : *(बिना मुस्कराए)* मेरी सलाह मानिए तो आज मत जाइए। आज उसे नेहा ख़बर देगी, आपके आने की। आज वो गुस्से में होगी। कल तक शायद उम्मीद जागे उसके मन में। वैसे आप देख लीजिए। मैं चाय लाती हूँ। *(अन्दर जाती है।)*

(अँधेरा होता है।)

दृश्य-दो

[पहले वाला दश्य। कुछ मिनटों के बाद का एहसास। तीनों चाय पी रहे दिखाई देते हैं।]

रुचि : *(अपना प्याला जल्दी से ख़त्म करके उठती है।)* अब मैं चलती हूँ। थोड़ी सोने की कोशिश करती हूँ—आप लोग बातें करो—चलो कालिदास, तुम शुरू हो जाओ कबूतर की गर्दन से।
(वह हल्का-सा मुस्कराती है और अन्दर की तरफ जाती है।)

आलोक : *(कालिदास से) यह कबूतर की गर्दन क्या चीज़ है?*

कालिदास : तुमने कबूतर की—उस सलेटी कबूतर की, जिसे हम पंजाबी में जंगली कबूतर कहते हैं, हालाँकि तमाम दुनिया में वह सिर्फ शहरों में पाया जाता है और जिसे कोई पालता नहीं है—गर्दन ध्यान से देखी है?

आलोक : देखी है।

कालिदास : तो बताओ उसमें कितने रंग होते हैं?

आलोक : रंग?...रंगों की तरफ तो ध्यान ही नहीं दिया—इतना।

कालिदास : रिटायरमेंट में यही ख़ूबी है। मैंने पहली बार या कहूँ कि बचपन और शुरू जवानी के बाद पहली बार देखा। उन दिनों यह सब या ऐसा ही सब कुछ ज़रूर देखा होगा कि कबूतर की गर्दन में अनेक रंग होते हैं। अलावा इसके तरह-तरह की चिड़ियाँ देखीं, तरह-तरह के फूल देखे, घास और पौधे देखे, उन्हें ध्यान से देखा। मार्च के अन्त में रिटायर हुआ था। वसन्त था, ऋतुराज! तुम्हारा स्प्रिंग। क्या फूल थे और क्या हवा थी और क्या लोग लगे! मेरे पास इतने पैसे भी थे और हैं कि अगले दस-पन्द्रह साल तक बिना चिन्ता के जी सकता हूँ। इससे ज़्यादा और क्या जिएँगे। मतलब कि सुरक्षा ही सुरक्षा है।

आलोक : साले, तुमने तो बड़ा जुगाड़ कर रखा है। तुम्हारे पास तो फ्लैट भी अपना है। मेरा तो फ्लैट भी किराये का है।

कालिदास : साले तुम मज़े लूटते रहे...या समझते रहे कि मज़े लूट रहे हो?

आलोक : समझता ही रहा—। ख़ैर मुझे छोड़ो...।

कालिदास : शुरू के दिनों में मैंने सोचा कि अच्छा ही हुआ कि मुझे एक्सटेंशन नहीं मिली। कविता भी मन में ज़्यादा आने लगी। यों मैंने कभी नहीं सोचा था कि फुलटाइम कविता लिखूँगा या कि लिखी जा सकती है मुझसे। मैं आराम से लोगों को मिलने लगा। उनको भी जो मेरे दफ्तर के थे और दूसरे भी, और उनको भी जिनको मैं हमेशा मिलना चाहा करता था, मगर वक्त की कमी के कारण मिल नहीं पाता था। कुछ बचपन के दोस्त, कुछ दूर—नज़दीक के रिश्तेदार।

मगर आलोक...कैसे बताऊँ?—तुमने वो कहानी शायद पढ़ रखी हो खिलंदड़े लड़के की, जो स्कूल बंक करता है और चिड़ियों और चींटियों और जानवरों वगैरह से कहता है कि आओ मेरे साथ खेलो। मगर कोई नहीं खेलता, क्योंकि सब जने अपने-अपने काम में लगे हुए होते हैं—वह हार कर वापस स्कूल में चला जाता है।

मेरे साथ दिक़्क़त यह हुई कि सिर्फ़, महज़ वक़्त बिताने के लिए मेरा लोगों से रिश्ता नहीं बना—बनता ही नहीं है इस उम्र में अगरचे हमने रिटायर्ड लोगों का एक क्लब-सा भी बनाया हुआ है—मैं कोई दूसरी नौकरी भी नहीं कर पाया, मानो उस खिलंदड़े लड़के की तरह वापस स्कूल नहीं जा पाया।

सोचा, चलो कविता ही लिखते हैं जम के।...तुम सोच रहे होगे कि इस बात पर पहले क्यों नहीं आया—हालाँकि मैं मानता था या मुझे लगता था कि मैं फुल टाइम कविता नहीं लिख सकता, क्योंकि कविता जब आती है तभी आती है, तभी मैं करता हूँ। कुछ लोगों की तरह इसलिए नहीं लिखता कि बस लिखनी है। मगर अब नयी हालत में दिक़्क़त यह हुई कि जितनी पहले आती थी उतनी भी न आने लगी।

हाँ, मैंने अपने आसपास के लोगों की ही नहीं, घर की माइयों को, सब्जी बेचने वालों को, गली-मुहल्ले के नौकरों-चाकरों-चौकीदारों को ध्यान से देखना शुरू किया...खाना बनाना सीखा, हाउस वाइफ-सा हो गया। सब्जी-फल, आटे-दाल वग़ैरह से नये प्रकार का सम्बन्ध हो गया जो बुरा नहीं लगा। यह भी पता चला, यह पूरी तरह से पता चला, कि औरतें जो घर की सफाई के लिए या घर की बातों के लिए आमतौर पर चिल्लाती रहती हैं, वो क्यों करती हैं। मगर इस सबसे मैं बहुत जल्दी ऊब गया, तंग आ गया। बोर हो गया। यह सब विषयान्तर लगा, असली बात नहीं थी।

मेरे अन्दर हर वक़्त यही बजने लगा कि मेरे पास करने को कुछ नहीं है, कुछ नहीं है, मतलब कि मैं बेकार हूँ, निकम्मा हूँ और मेरे होने का कोई मतलब नहीं है और इससे भी ज्यादा यह बात कि इस चीज़ से, मेरी इस स्थिति से, कहीं भी, किसी को कोई फ़र्क़ नहीं पड़ता, नहीं पड़ रहा है, रुचि को भी नहीं। एक हद तक पड़ता है, मगर मूलतः नहीं। मैं मानो ज़िन्दगी से बाहर आ गया हूँ। मानो क्यों, आ ही गया हूँ। फालतू हो गया हूँ।

आलोक : तुम तो बड़ा डरा रहे हो कालिदास। मेरे दिमाग में तो यही बैठा हुआ है कि रिटायर होने के बाद आराम करेंगे। चैन की ज़िन्दगी बसर करेंगे...कि एक हद तक मतलब कि समझो कि जो कमाया हुआ है उसे बैठ के भोगेंगे।

कालिदास : *(उसकी बात को अनसुना करके)* तभी, आलोक, वो घटना घटी। तभी वो घटना घटी। दिन तो किसी तरह से बीत जाता था, मगर शाम बितानी मेरे लिए बहुत मुश्किल होती थी। दोस्त यार कम हो गये। कुछ इधर-उधर चले गये, कुछ मुझे ही बोर लगने लगे। कुछ को मैं भी ऐसा ही लगने लगा होऊँगा। मैं ज्यादातर घर पर ही रहने लगा।

मगर, कोई चार बजे के करीब असुविधा, बेचैनी, एक तड़पन शुरू हो जाती थी। मैंने कहीं पढ़ा था कि जो लोग दूसरे लोगों से मिलते रहते हैं और शाम अच्छी तरह से बिता लेते हैं, वो ज़िन्दगी जीना जानते हैं। मैं उनमें से नहीं हूँ—। *(कुछ रुककर)* बोर तो नहीं हो रहे आलोक? यह भी एक बात है कि अक्सर लोग हमारी बातों से बोर हो जाते हैं।

आलोक : नहीं, नहीं।

(तभी रुचि भी आ जाती है।)

रुचि : नींद नहीं आ रही।

(उनकी बातचीत में दख़ल न देने की नीयत से वह उनसे थोड़ी दूर डाइनिंग टेबल पर बैठ जाती है।)

कालिदास : *(एकाएक खड़ा हो जाता है और सोफ़े के पीछे आकर उसका सहारा लेता है। आलोक से)* तो मैं पार्क जाने लगा। शाम को भी। सुबह सैर करने जाता ही था। शाम को भी जाने लगा। रुचि प्रायः नहीं जाती। वह घर-घुसर ज्यादा है। पार्क का भी एक संसार है। घूम-फिरकर आ जाता था, मगर बैठता नहीं था। वहाँ के लोगों को देखा, ध्यान से देखा। जैसे और जगहों पर होता है लोग वहाँ भी वैसे ही थे कई ग्रुप वाले, कई दोकले, कई अकेले। वहाँ मैंने अपने प्रोफेसर को देखा, शायद तुम्हारा भी रहा हो। उस कॉलेज में पढ़ाता था शाम को जहाँ से तुमने बी.ए. किया था...नाम भूल रहा हूँ।

आलोक : एंग्लोइंडियन कॉलेज।

कालिदास : हाँ, हाँ—वही।—मिस्टर छिपकली कहते थे हम उसे। शायद चड्ढा नाम था। बड़ी नफरत थी हमें उससे—बस इसी बात पर कि वह छिपकली लगता था। यह ग़लत था, मगर इसकी परवाह कम किया करते थे। *(आलोक 'हाँ' में सिर हिलाता है।)* उसने मुझे नहीं पहचाना। वह अकेलों में से था। और ऐसे अकेलों में से था जो अकेले होने पर बेहद असुविधा और शायद छटपटाहट का भी अनुभव करते हैं—मेरी तरह। इसलिए मेरी तरह वह भी पोज़ करता था कि वह भी दुनिया को देखने में 'व्यस्त' है। 'कुछ करने' पार्क में आया है कि वह खाली या फालतू नहीं है।

एक दिन मैंने देखा कि उसने व्यस्त रहने का पोज़ छोड़ दिया और पार्क में उन दस-बारह बूढ़ों के पास जा के बैठ गया है, जो छह बेंचों के एक चौरस-से आकार में बैठे रहते थे। मज़ा यह रहा कि वह

बैठ तो गया—मैं ज़रा दूरी पर, दूसरी बेंच पर बैठा यह देख रहा था—मगर ऐसे बैठा जैसे कि उन लोगों से, उन बूढ़ों से कह रहा हो कि मुझे भी अपने में शामिल कर लो, मगर हिम्मत करके भी उनके साथ बैठ न पाया। सरक कर आगे न जाया पाया। उन्होंने या उनमें से किसी ने भी उसकी परवाह न की। वो लोग तो शायद कोई राजनीतिक बात पर ऊँचा-ऊँचा बोलकर बहस कर रहे थे...या वह ही वहाँ उतनी देर तक न बैठ पाया कि उनमें से कोई उनसे बात करने लग जाता। खुद उसने उनसे कोई बात करने की कोशिश नहीं की या उसकी हिम्मत न हुई या झिझक न टूटी। शाई या शर्मीले लोग उम्र-भर शायद शाई या शर्मीले ही रहते हैं। फिर वह उठा और निराश होकर चला गया। उसके बाद वह कई दिन तक दिखाई देता रहा, अकेला ही घूमता हुआ, डोलता हुआ अपने जैसे दूसरे अकेलों की तरह। मगर अब कई दिनों से दिखाई नहीं दिया। शायद मर गया हो। बहुत ही दुबला-पतला था वह।

फिर आलोक,....यह सारी भूमिका मैं इसीलिए बाँध रहा हूँ कि एक दिन मैं अपनी बेंच पर बैठा था...एक प्रकार से बेंचें अपनी होने लगती हैं, और पार्क के कोने भी।

इतवार या छुट्टी का कोई दिन था। मैं बैठा था। तभी मैं अपने से इतना तंग आ गया, इतना छटपटाने लगा, इतनी तड़पन मुझे होने लगी कि मैं उठके उन दस-बारह बूढ़े लोगों के उस चौरस के पास चला गया और आलोक, विश्वास करो, कि यह निश्चय करके कि मैं मिस्टर छिपकली की तरह उनके पास मानो उनके किनारे नहीं बैठूँगा, बल्कि उनके साथ बैठूँगा। उस वक्त मुझ पर अजीब बेहोशी-सी तारी थी, अजीब पागलपन-सा कि मुझे यह काम करना ही है, हर हालत में करना ही है। मगर आलोक, जैसे ही मैं उस चौरस के पास पहुँचा, बूढ़ों की भारी-भरकम हँसी और आवाज़ों से गूँजते हुए उस चौरस-से के पास पहुँचा, तो उन सबने, सबके सब बूढ़ों ने मेरी तरफ़ मुड़कर एक साथ देखा, सबके सब बूढ़ों ने मेरी तरफ़ मुड़कर एकाएक मुझे देखा आलोक, मैंने देखा, मैंने देखा कि वो सब के सब बूढ़े बूढ़े नहीं हैं, मगर उनके कंकाल हैं! कंकाल हैं। जिन्होंने एक साथ मुड़कर मुझे देखा था, और जो हँसी उनसे उठ रही थी या जो आवाज मुझे उनकी हँसी लग रही थी, वह उनकी हड्डियों के आपस में बजने से उठ रही थी।

मैं बेतरह डर गया। बेतरह घबरा गया। मेरा मन चीखने को होने लगा। मैंने मुँह पर हाथ रखकर चीख को दबाया और उलटे पाँव लौट आया। लौट ही नहीं आया, भागता हुआ लौटा, बेतरह से भागता हुआ, हाँफता हुआ, जान बजाकर लौट आया और मैंने घर आकर ही दम लिया।

(इस वक्त भी घबराहट और डर उसके चेहरे पर उभर आते हैं।)

और आलोक, उस दिन के बाद आज तक मैं जब भी उस घटना के बारे में सोचता हूँ तो मुझे तुरन्त वही दस-बारह नरकंकाल नजर आने लगते हैं—एकाएक मुड़कर मुझे देखकर हँसते हुए। मेरे बुढ़ापे या मौत या ज़िन्दगी के बारे में रवैये का मज़ाक उड़ाते हुए। या फिर मेरी ज़िन्दगी का ही। मैं इस बात को पार पाने के लिए उनके पास फिर गया, वे बूढ़े ही थे। मगर जैसे ही मैं मुँह मोड़कर उनके पास से हटने लगा, वे फिर कंकाल लगने लगे। मैंने फिर तत्काल मुड़कर उन्हें देखा तो वे बूढ़े ही लगे थे। मगर जैसे ही फिर उनकी तरफ से मैंने नजरें हटायीं, वे फिर कंकाल लगने लगे...मतलब एहसास होता कि वे कंकाल हैं। आज तक ऐसा ही होता आ रहा है।

(कालिदास चुप हो जाता है। आलोक और रुचि दोनों उसे अच्छी तरह से वशीभूत से होकर उसकी तरफ देखते रहते हैं। कुछ देर तक तीनों ही चुप रहते हैं। फिर आलोक एकाएक खड़ा हो जाता है।)

आलोक : मैं चलता हूँ कालिदास! तुम्हारी बात सुनकर मैं नहीं रुक सकता। रुचि जी, मेरा ख्याल है, मैं अभी जाकर रक्षा से बात करता हूँ। और आप लोगों को बताता हूँ। मैं अब और इन्तजार नहीं कर सकता। कालिदास की बात से...मुझे लगा है मेरे पास वक्त नहीं है।

(और वह बिना कुछ और कहे और बिना उनकी प्रतिक्रिया का इन्तज़ार किए, जल्दी-जल्दी बाहर की तरफ चला जाता है। वे दोनों खड़े हो जाते हैं और उसे जाता हुआ देखते हैं।)

रुचि : *(कालिदास को कुछ क्षण देखती है)* कालिदास, मुझे नहीं मालूम था कि यह इतना बुरा होता है। मुझे नहीं मालूम था। सच कह रही हूँ।

कालिदास : तुम मेरी बात सुनती कब हो? इन दिनों तो खास...

रुचि : नहीं, नहीं, कालिदास। अब तक तुम यह बात दो-चार बार बता चुके

हो—एक बार मुझे और बाकी मेरे सामने राजेश वगैरह को। मगर हर बार तुमने इसको, एक प्रकार से इसका मज़ाक-सा उड़ाते हुए ही सुनायी थी, बल्कि मुझे याद है तुमने मुझे कहा था कि अगर उन बूढ़ों को पता चल गया कि मैं उन्हें कंकाल कह रहा हूँ तो वो लोग मुझे पार्क में घुसने नहीं देंगे। इस बार, हाँ-हाँ, यही बात है। मैं भी कहूँ कि क्या बात है...इस बार कालिदास, तुमने एकदम गम्भीरता से यह बात बतायी, तुमने इसका मज़ाक नहीं उड़ाया इस बार।

कालिदास : तुमने ठीक नोट किया, रुचि। तुमने ठीक नोट किया। इस बार बावजूद कोशिश के मैं मज़ाकिया टोन अपना नहीं सका। कुछ दिनों से यह बात मानो गहरे, और और गहरे, घुसती जा रही है। इस बार इस पर मैं हँस नहीं सका। बल्कि बताते-बताते मुझे लगा कि मैं कहीं रो ही न दूँ। क्योंकि एकाएक मुझे लगा कि मैं अपनी ज़िन्दगी के अन्त को देख रहा हूँ। उसके आगे कुछ नहीं है।

रुचि : *(उसकी तरफ बढ़ती हुई)* आइ एम सॉरी, कालिदास। मुझे नहीं मालूम था कि तुम्हारे लिए इतना मुश्किल हो रहा है। मालूम था कि यह मुश्किल है, मगर इतना मुश्किल है, नहीं पता था कालिदास। मैं...आइ एम सॉरी! मुझे भी डिप्रेशन होते हैं, मगर हम लोग, क्योंकि रिटायर कभी नहीं होतीं—घर का काम तो रहता ही है—इसलिए—यह शायद विडम्बना है कि वह स्लेवरी या नौकरानीपन, जिसकी वजह से हम लोग मर्दों से ईर्ष्या करती रहती हैं, वही हमें आखिर में बचा लेती है एक हद तक। एक तरह से।

(वह कालिदास के पास आ जाती है और उसकी बाँह में बाँह डालती है।)

कालिदास : *(परे हट जाता है)* दया मत करो, रुचि।

रुचि : दया नहीं कालिदास। सहानुभूति। सहानुभूति!

कालिदास : *(उलाहने से)* वास्तविक सहानुभूति होती रुचि, तो मेरी हालत मेरी मज़ाकबाज़ी के अन्दर से भी समझ गयी होती, भाँप गयी होती—

रुचि : अब उसमें मत जाओ कालिदास। इतना गहरा मत जाओ। वरना हमारा झगड़ा शुरू हो जाएगा। और मैं नहीं चाहती कि हम इस वक़्त लड़ें। मगर मुझे वास्तविक सहानुभूति है तुमसे!

(वह कालिदास की तरफ देखती है मगर कालिदास थोड़ा और परे हो जाता है। रुचि वापस आकर सोफ़े पर बैठ जाती है। और कालिदास की तरफ़ चिन्ता से देखती है।

(कालिदास उसे देखता है मगर चुप रहता है। रुचि थोड़ा

चिन्ता से उसे देखती है, फिर उठकर पानी लाती है और कालिदास को देती है। मगर कालिदास मना कर देता है। वह बड़ी तीव्रता से सोचता हुआ लगता है।)

रुचि : राहुल से मिलने चलें? श्रीमान पोते से?

कालिदास : चल सकते हैं। मगर तुम्हीं ने कहा था कि वे लोग शायद आएँगे...तुम्हारी अनुराग से बात हुई थी।

रुचि : फोन कर देते हैं कि न आएँ। हमीं आते हैं।

कालिदास : नहीं! नहीं!

(वह अपने ख़्यालों में व्यस्त है।)

रुचि : *(कुछ क्षण के बाद)* अनुराधा को फोन करें? मगर नहीं, नहीं। अमरीका में अभी तो रात होगी या सुबह के चार बजे। वो लोग सो रहे होंगे।

राजेश के यहाँ चलें। आज तुम लोगों की मीटिंग भी है, रिटायरमेंट नामक सज़ा-ए-मौत विरोधी सभा की। आज तो ज्ञान भी आने वाला है अपनी रिवाल्वर और छुरी के साथ। पिछली बार तुम नहीं गये। राजेश ने कहा था कि इस बार नहीं आये तो वो लोग यहीं आ जाएँगे।

कालिदास : *(कुछ क्षण उसे ध्यान से देखकर)* मैं कहीं नहीं जा रहा। रुचि, उनको फ़ोन कर दो, यहीं आ जाएँ।...अच्छा रहने दो। वो लोग खुद ही आ जाएँगे—। *(घड़ी देखता है)* पता नहीं आनेवाले ही हो सकते हैं।

रुचि : कालिदास, मुझे तो डर लग रहा है...हमारा यह वक्त कैसे बीतेगा...कुछ करना पड़ेगा।

कालिदास : क्या?

रुचि : पता नहीं। मगर ऐसे कैसे? ऐसे कैसे चलेगा?

कालिदास : *(उसकी ओर मुड़ता है और फिर उसके थोड़ा पास आता है और सोफ़े की पीठ पर खड़ा हो जाता है। रुचि उस सोफ़े के सामने वाले सोफ़े पर बैठी है। वह उसकी तरफ तीव्रता से देखता है और तीव्रता से बोलता है)* रुचि, मैंने इसके बारे में इन दिनों बहुत सोचा है। अब भी अन्दर ही अन्दर वही सोच रहा था, जब आलोक को बता रहा था। मुझे लगता है हिन्दुस्तानी या हिन्दुस्तानी नेता या हिन्दुस्तानी बौद्धिक बेवकूफ़ हैं, महा बेवकूफ़ हैं। दिमाग में कोई ताक़त नहीं, उसकी कोई हस्ती नहीं या इस्तेमाल नहीं करते उसका। संयुक्त परिवार टूट गया या हमने तुड़वा लिया। ठीक है उसमें आदमी का दम घुटता था। मगर ये छोटे-छोटे फ्लैट जो सिर्फ दो या ढाई बन्दों

के लिए ही काफी हैं, ये कबूतरख़ाने, ये घुरनियाँ, ये दमघोटू डबियाँ, जिनकी मार्केट वैल्यू बराबर बढ़ते रहने पर हम फूले नहीं समाते, ये वैसे ही हैं जैसे फ्लैट या अपार्टमेंट्स वेस्ट में बनते हैं या बनाए जाते हैं—हमने बिना सोचे-समझे कि हमारी जरूरत क्या है, कि हमारा स्वभाव क्या है, कि वो चीजें हमें वास्तव में सूट करेंगी या नहीं, कि ये हमारी संस्कृति के या आबोहवा के लिए सूट करेंगे या नहीं, हमने अपना लिये। खुशी-खुशी अपना लिये...इसमें भले ही ठीक से न हवा आए, न सूरज आए। बस हमने इसे अपना लिया। यह भी नहीं सोचा कि कुछ ऐसा बनाएँ या करें, कुछ ऐसा करें कि बड़े होकर बच्चे अलग भी रहें और पास भी, जो हम चाहते हैं। मगर हमने अपना दिमाग़ नहीं लड़ाया। संयुक्त परिवार से सीधे वेस्ट व पश्चिम के घनघोर, अकेलेपन...अकेलेपनों में चले गये। पश्चिम की बीमारी में...पश्चिम की, वेस्ट की घनघोर बीमारी, अकेलापन, उसमें चले गये। अपना दिमाग़ नहीं लड़ाया। अपना दिमाग़ नहीं लड़ाया। अपना रास्ता नहीं निकाला। नहीं निकला।

उसी तरह से हमने रिटायरमेंट अपना ली, क्योंकि वेस्ट ने अपनायी हुई है। यह नहीं सोचा कि यह तो सज़ा-ए-मौत है। एक दिन एकाएक आपकी छुट्टी कर दी जाती है। आपको सज़ा-ए-मौत सुना दी जाती है कि बेटा आज से मरना शुरू कर दो। मरना शुरू करने की तारीख तय कर दी जाती है। हमने, हमारे नेताओं ने, हमारे बौद्धिकों ने इसे स्वीकार कर लिया, अपना लिया—और कुछ न सोचा। यह नहीं सोचा कि नौकरी महज़ पैसा कमाने का साधन नहीं होती, यह नौकरी करने वाले का एक संसार भी होता है, एक ऐसा संसार जिसे वह पैसे कमाने के साथ-साथ कमाता है। नौकरी में अपने दूसरे साथियों से सम्बन्ध होते हैं, सम्बन्धों की एक नदी बहती रहती है जोकि ज़िन्दगी होती है, ज़िन्दगी का बड़ा हिस्सा तो ज़रूर होती है। नौकरी के साथ-साथ यह संसार भी आप से छूट जाता है। कट जाता है। *(उसके लहजे में धीरे-धीरे तीव्रता बढ़ती जाती है)* रिटायरमेंट क्यों हो? नहीं होनी चाहिए रिटायरमेंट। पहले कहाँ होती थी? प्रकृति में कौन रिटायर होता है? उसी कम्पनी में कोई दूसरा काम मिलना चाहिए उम्र और सेहत के हिसाब से—कम भारी—मगर उस संसार से नहीं कटना चाहिए, नहीं कटना चाहिए। मगर हम सोचते नहीं हैं। अपने दिमाग़ से नहीं सोचते। अपने दिमाग़ की ताक़त से,

उसकी हस्ती से नहीं सोचते। अपनी हस्ती के दिमाग़ से नहीं सोचते। हम नकल करते हैं। महज़ नकल करते हैं।

(उसके चेहरे पर जबर्दस्त तीव्रता आ जाती है। वह एकाएक चुप होकर उसी तीव्रता से सोचता है, उसकी आँखें बन्द हो जाती हैं।)

कालिदास : सुनो रुचि! मेरे दिमाग़ में एक कविता आ रही है।

(वह उसी तीव्रता से बोलता है धीरे-धीरे जैसे कविता उसे बरबस बुलवा रही हो।)

दिमाग़े-हस्ती
दिल की बस्ती
है कहाँ?
है कहाँ?

(रुचि धीरे-धीरे उसकी तरफ तीव्रता से आकृष्ट होकर देखती हुई खड़ी हो जाती है।)

कालिदास : दिमाग़े-हस्ती
दिल की बस्ती
है कहाँ?
है कहाँ?
है कहाँ तेरी जगह
मेरी जगह
है कहाँ?

(वह कुछ क्षण चुप रहता है फिर तीव्रता से)

हमको सज़ा-ए-मौत क्यों सुननी पड़ी?
हमको यकायक काटके क्यों रख दिया?
हम धड़क सकते हैं सालों साल तक
अकल थोड़ी इस वकत आने लगी
हमको सज़ाए मौत क्यों सुननी पड़ी?
हाय नेता!
हाय बौद्धिक!

(यहाँ वह माथा पीटता है।)

हाय नेता!
गर्त में गिरते हुए!
हाय बौद्धिक!

नकल में डूबे हुए।
हम कहाँ जाएँ? किधर जाएँ?
किसे ताकें?
किसे पूछें?
कि हमको सज़ा-ए-मौत क्यों सुननी पड़ी
हमको अकेले मौत क्यों सुननी पड़ी
हमको यकायक काटके क्यों रख दिया?
हम धड़क सकते हैं सालों-साल तक
आदमी कैसे बनाए
कुछ तो कुदरत को न आया यह शऊर
कुछ हमीं कम-सोच से दलदल बनाते हैं हुजूर
दिमाग़े-हस्ती
दिल की बस्ती
है कहाँ?
है कहाँ?
है कहाँ तेरी जगह?
मेरी जगह?
है कहाँ?

(कालिदास चुप हो जाता है मगर सोचता हुआ, कविता के अन्दर में डूबा हुआ।)

रुचि : *(कालिदास की तरफ बड़ी सराहना से देखती है और उसके पास जाती है।)* कालीदास! तुम मानो न मानो, मगर पहली बार, जिन्दगी में पहली बार, मुझे तुम्हारी कोई कविता पसन्द आयी है और बेहद-बेहद पसन्द आयी है। *(गाती—सी है)*
दिमाग़े-हस्ती
दिल की बस्ती
है कहाँ?
है कहाँ?
है कहाँ तेरी जगह?
मेरी जगह
है कहाँ?
वाह!

(इसके बाद वह इसे एक बार फिर गाती है और इस बार ये

पंक्तियाँ भी)

हमको सज़ा-ए-मौत क्यों सुननी पड़ी
हमको यकायक काटके क्यों रख दिया!
हम धड़क सकते हैं सालों-साल तक—
वाह! वाह!

मेरा ख़्याल है राजेश वग़ैरह को यह तत्काल सुनानी चाहिए। मैं उन्हें फ़ोन करती हूँ...ऐसा न हो कि आएँ ही न।

(दिमाग़े-हस्ती, दिल की बस्ती है कहाँ? है कहाँ—वाह! गाती हुई वह फ़ोन की तरफ बढ़ती है। फिर एकाएक रुक कर)

कालिदास, तुम्हें मालूम है मैं तुम्हारी तरफ, तुम्हारे कवि होने के कारण भी खिंची थी। मगर बाद में लगा कि तुम तो ऐसे कोई कवि नहीं हो। मगर यह तो कमाल की कविता है! एकदम असली...मैं फ़ोन करती हूँ।

कालिदास : शुक्रिया रुचि...मगर पूरी तो कर लूँ! मेरा ख़्याल है पूरी नहीं है—

रुचि : *(मुड़ती है)* पूरी कर लो।

(तभी सीढ़ियों पर आवाज़ें आती हैं और दरवाज़े की घंटी बज उठती है।)

वो लोग आ गये लगते हैं। जाओ अन्दर जाके पूरी कर लो। मैं उन्हें कुछ देर तक सँभाल...

कालिदास : नहीं! नहीं, ऐसे नहीं होता। चली है तो फिर मन में चलती रहेगी...आने दो। *(रुचि जा के दरवाज़ा खोलती है। राजेश और कौशल्या और ज्ञान बारी-बारी से अन्दर आते हैं। उनके पीछे अनुराग और नीलिमा भी आते हैं। नीलिमा के कन्धे पर राहुल सोया हुआ है। सब के सब खड़े रहते हैं।)*

राजेश : हम आ गये और देखिए ज्ञान भी आ गया। अपनी रिवाल्वर और छुरी के साथ। उसकी पोज़ीशन स्टेटस-को-एण्टी हो गयी।

कालिदास : क्या हुआ? क्या हुआ?

(वे लोग एक-दूसरे का अभिवादन करके बैठते हैं। रुचि और कालिदास एकाएक राहुल की तरफ़ बढ़ते हैं, मगर उसे सोया पाकर उसके गाल में ज़रा-सा छूते हैं, बारी-बारी से। नीलिमा जल्दी से उसे अन्दर बिस्तर पर डालकर उनके लिए पानी लाती है।)

अनुराग : अंकल सीढ़ियों पर मिल गये।

कालिदास : *(ज्ञान से)* क्या हुआ। तुम्हारा तो लगभग ठीक हो गया था?

ज्ञान : लड़के के ज़ख़म ठीक हो गये तो वह फिर वही हो गया जो कि वह है—गुंडा। यों भी चोट ज्यादा नहीं आयी थी। अच्छा होता ज्यादा आती या मर ही जाता।...अब तो मैंने सोच लिया है वापस लुधियाना नहीं जाऊँगा। मकान ले लिया है यहाँ और नौकर रख लिया है। *(नीलिमा से पानी लेता है।)* अब यहीं कुछ शुरू करूँगा। पुलिस को सिक्योरिटी के लिए अप्लाई कर दिया है। जैसे पंजाब में उग्रवादियों के डर से कुछ लोगों को सिक्योरिटी मिलती थी, वैसी ही ले लूँगा।

(उधर रुचि राजेश और कौशल्या के कानों में कुछ फुसफुसाती है।)

राजेश : भई कालिदास, रुचि जी कह रही हैं, तुमने कोई बहुत अच्छी कविता लिखी है?

कालिदास : सोचा मरने से पहले कम से कम एक तो हो जाए।

राजेश : अच्छा हुआ न, हम आ गये। सुनाओ-सुनाओ!

कालिदास : अभी नहीं। अभी नहीं। आलोक को भी आने दो, अभी पूरी भी नहीं हुई।

राजेश : आलोक भी आया हुआ है?

कालिदास : रक्षा से बात करने गया है। लगता है इस बार उनकी सुलह हो जाएगी। बड़ा पक्का होके आया है।

ज्ञान : अच्छा! अच्छा। सुना था कि वो तो मुम्बई में किसी एक्स-एक्ट्रेस-वैक्ट्रेस के चक्कर में पड़ गया है..., कि उसे आखिरकार वो आदर्श औरत मिल गयी है, जिसकी उसे तलाश थी।

रुचि : वो खत्म हो गया।

ज्ञान : ख़त्म हो गया? ख़त्म हो गया?

रुचि : हाँ।

ज्ञान : *(मुस्कराकर)* रुचि जी, मैं ज़रा हाथ-मुँह धो लूँ?

(उठता है और अपने रिवाल्वर और चाकू मेज पर रख देता है।)

सर्दियों में तो कोट की जेबों में आ जाते हैं। गर्मियों में बड़े चुभते हैं। कोई छेड़े न इन्हें। लोडेड है रिवाल्वर।

रुचि : यहाँ मत रखिए भाई साहब! वहाँ डाइनिंग टेबल पर रख दीजिए।

यहाँ तो ख़ामख़्वाह—टेम्पटेशन होगी किसी को छेड़ने की। *(मुस्कराती-सी है।)*

(ज्ञान रिवाल्वर और चाकू डाइनिंग टेबल पर रख देता है और अन्दर बाथरूम में चला जाता है।)

रुचि : *(सबसे पूछती है)* चाय कि ठंडा?

ज्ञान : *(बाथरूम के पास से मुड़कर)* मैं चाय।

राजेश : चाय ही चलेगी अभी तो...आलोक आएगा तो फिर व्हिस्की-शिस्की।

कालिदास : पता नहीं आता भी है कि नहीं। कह के तो गया है कि आप लोगों को आकर बताता हूँ—पर पता नहीं फ़ोन करेगा या आएगा। सुलह हो गयी तो घर ही जाएँगे।

(ज्ञान बाथरूम से अपने रूमाल से मुँह और फिर हाथ पोंछता हुआ आकर अपनी जगह पर बैठ जाता है।)

रुचि : तौलिया था न वहाँ, ज्ञान जी?

ज्ञान : कोई बात नहीं। कोई बात नहीं।
अब सुनाओ भई कविता!

(तभी बाहर की घंटी बजती है और उसके साथ ही आलोक अन्दर आता है क्योंकि दरवाजा खुला होता है। उसका चेहरा तना हुआ है और वह घबराया हुआ भी है।)

रुचि-कालिदास : *(उसकी तरफ जाते हैं)* क्या हुआ?

आलोक : *(अन्दर आकर उसके सामने खड़ा हो जाता है।)* कुछ नहीं हुआ। मैं गया ही नहीं।

कालिदास-रुचि : गये ही नहीं! गये ही नहीं!!

(इस बीच ज्ञान और राजेश भी उनके पास आकर खड़े हो जाते हैं।)

आलोक : मैंने सोचा वो नहीं मानेगी—।

रुचि : हद कर दी आपने? कोशिश तो की होती। आप औरतों को नहीं जानते। मेरा तो ख़्याल है कि वो मान जाती।

आलोक : नहीं!

(वह सिर नीचा कर लेता है। सभी लोग एक-दूसरे को देखते हैं और फिर आलोक को।)

रुचि : नीलिमा, आलोक अंकल को पानी दे, बेटा!

(नीलिमा पानी ला के देती है। आलोक पानी पीता है और

गिलास नीलिमा को वापस देता है। तब तक सब जने चुप रहते हैं।)

आलोक : *(कालिदास को)* मैंने सोचा कि कुछ नहीं होगा। कुछ नहीं होगा...। कुछ नहीं होगा। वो नहीं मानेगी। और उससे बात करने का कोई फायदा नहीं होगा...। कुछ नहीं होगा। ज़िन्दगी ख़त्म है वैसे भी, ऐसे भी, तैसे भी, हर तरह से। हर तरह, हर तरह से।

(वह बहुत परेशानी में है। आगे कुछ नहीं बोल पाता। सिर झुका लेता है। सब जने उसे देखते हैं। कोई कुछ नहीं कहता, नहीं कह पाता, उसकी परेशानी के कारण। राजेश भी कुछ कहता-कहता रुक जाता है। कौशल्या और अनुराग और नीलिमा भी चुपचाप देखते हैं। नीलिमा के हाथ में गिलास वाली खाली ट्रे है। उसका दुख सब पर असर करता है।

अलबत्ता उसका दुख देखकर ज्ञान को एकाएक लगता है कि वह कहीं 'कुछ' कर ही न ले। वह आलोक को और डाइनिंग टेबल पर पड़े अपने रिवाल्वर और छुरे को दो बार बारी-बारी से और जल्दी-जल्दी देखता है और तुरन्त उसे उठाने के लिए उधर बढ़ता है। बाकी लोग भी इस बात को समझकर तन जाते हैं। तभी एकाएक आलोक भी समझता है कि क्या बात है और उसे कौंध की तरह लगता है कि उसके लिए यही रास्ता है और फिर वह, इसके पहले कि ज्ञान उसे उठाए, बिजली की तेज़ी से लपककर रिवाल्वर उठा लेता है।)

ज्ञान : अरे, क्या कर रहा है? क्या कर रहा है? मेरा रिवाल्वर है! मैं फँस जाऊँगा। लाइसेंस भी नहीं है मेरे पास।

(उससे रिवाल्वर लेने की कोशिश करता है। कालिदास भी ज्ञान के पास आ जाता है।)

कालिदास : *(धमकाता है।)* क्या पागलपन है! ये क्या पागलपन है!

(बाकी सब भी उसकी तरफ देखते ही नहीं हैं, ज़रा उसकी तरफ भी बढ़ते हैं—डरते-डरते)

आलोक : *(एकाएक उन पर रिवाल्वर तानता है।)* छोड़ दो मुझे। वरना सबको गोली मार दूँगा। *(ज्ञान डरता है और उसे छोड़कर पीछे हट जाता है। बाक़ी लोग भी पीछे हट जाते हैं। वह उन्हें देखता है, वो उसे देखते हैं। जैसे-जैसे वे परे हटते जाते हैं, वैसे-वैसे वह उन्हें घूरता हुआ*

पीछे होता जाता है। फिर वह अन्दर कमरे में चला जाता है। सब जने साँस रोके खड़े रहते हैं—एक-दूसरे को देखते हुए, असमर्थता में। थोड़ी ही देर में अन्दर से रिवाल्वर के चलने की आवाज आती है।)

कालिदास : *(कमरे की तरफ देखकर)* यह क्या किया इसने? यह क्या हुआ?

रुचि : बाप रे बाप!!!

ज्ञान : *(हाथ मलता है।)* मैं भी फँस जाऊँगा।

(राजेश और कौशल्या डरे हुए एक-दूसरे से सट जाते हैं।)

(अँधेरा होता है।)

(जब कुछ देर के बाद रोशनी होती है तो आलोक का शव स्टेज़ के एक कोने में सफ़ेद कपड़े में लिपटा पड़ा होता है। रक्षा, नेहा और संजीव उससे ज़रा हट कर बिना रोए, मगर दुखी चेहरों से उसे देख रहे होते हैं। ज़रा और हटकर एक तरफ कालिदास, राजेश, रुचि और कौशल्या खड़े हैं। एक तरफ अनुराग खड़ा है, जिसके साथ नीलिमा खड़ी है। हतप्रभ-से।

कालिदास : पुलिस आयी नहीं अनुराग?

अनुराग : कह तो रहे थे कि आते हैं। आते ही होंगे।

कालिदास : ज्ञान गया?

अनुराग : मैंने उन्हें मेन रोड पर उतार दिया था। बड़ा पछता रहा था कि आज पहली बार अपनी गाड़ी नहीं लाये। जाती बार फिर कह गये कि आपसे कह दें कि पुलिस को नहीं बताना कि रिवाल्वर किसका था। और यह भी न बताएँ कि वे...मतलब ज्ञान अंकल यहाँ थे।

(फिर चुप्पी छा जाती है। सब जड़वत खडे रहते हैं, कुछ क्षण। फिर...)

कालिदास : *(थोड़ा आगे आकर और स्टेज़ के बीचोंबीच खड़ा हो जाता है और उसके पीछे-पीछे राजेश और उसके पीछे-पीछे रुचि और कौशल्या। उनका एक गिरोह बन जाता है। कालिदास दर्शकों की तरफ देखकर गाता है—उसके साथ राजेश भी और धीमी आवाज़ में रुचि और कौशल्या भी गाते हैं—)*

हमसे छोटा था वो पहले चल दिया
चाँद जो ताका किया वो चल दिया
बीमार जो न था वो पहले चल दिया

हम जो बूढ़े तीन उसके दोस्त थे
हर मरज़ में मुब्तिला हम बच गये
छोड़ बच्चों को नदी में चल दिया
छोड़ जीवन को असमझा चल दिया
हमसे छोटा था वो पहले चल दिया
वो सज़ा-ए-मौत जो हम पर पड़ी
उस सज़ा-ए-मौत से वो बच गया

(यहाँ वे चुप हो जाते हैं। लाश पर थोड़ा अँधेरा हो जाता है। रक्षा और बच्चों पर भी जो डाइनिंग टेबल के साथ-साथ खड़े होते हैं। बूढ़ों का गिरोह थोड़ा बायें को होने लगता है और उसके साथ ही उस पर रोशनी तेज़ हो जाती है। बीच में कालिदास है और राजेश और उनके दोनों तरफ रुचि और कौशल्या। वे गाते हैं)

हम नहीं जाएँगे उसके कदम पर
हम नहीं मारेंगे अपने आप को
हम न कायर हैं न कुत्ते हैं न बिल्ली हैं
हम न भागे थे न भागे हैं न भागेंगे कभी
हम तो पूछेंगे हज़ारों वर्ष तक
हम को सज़ा-ए-मौत क्यों सुननी पड़ी?
हम को यकायक काट के क्यों रख दिया?
हम धड़क सकते हैं सालों-साल तक
अकल थोड़ी इस वकत आने लगी
हमको सज़ा-ए-मौत क्यों सुननी पड़ी?
हमको यकायक काटके क्यों रख दिया?
हाय नेता!
गर्त में गिरते हुए!
हाय बौद्धिक!
नकल में डूबे हुए
हम कहाँ जाएँ? किधर जाएँ?
किसे ताकें?
किसे पूछें?
कि
दिमाग़े-हस्ती

दिल की बस्ती
है कहाँ?
है कहाँ?
है कहाँ तेरी जगह?
मेरी जगह?
है कहाँ?
है कहाँ?
है कहाँ?

(परदा गिरता है।)

❑❑❑

णाणं

पयासयं

वीर नि.सं. 2470

ई.सन 1944

भारतीय ज्ञानपीठ